Lisa Hauser

Die schnelle LOW CARB KÜCHE für jeden Tag

Tyrolia-Verlag · Innsbruck-Wien

Inhaltsverzeichnis

LOW-CARB-HAUPTSPEISEN MIT FLEISCH & FISCH

LOW-CARB-NACHSPEISEN

LOW-CARB SNACKS & GETRÄNKE

Widme dich der Liebe &
dem Kochen mit ganzem Herzen

Dalai Lama

Lisa Shelton (geborene Hauser) sprüht vor Leidenschaft und Tatendrang für das, was sie tut, und macht die genussvolle Low-Carb-Ernährung mit ihren Kochworkshops und Vorträgen, Rezeptkreationen und Blog-Beiträgen zugänglich und schmackhaft. Die Autorin führt seit Anfang 2016 hauptberuflich eine Kochschule und bloggt über „cleane" Low-Carb-Rezepte, gesunde Ernährung, Regionalität & Nachhaltigkeit, Frauengesundheit sowie über Baby und Familie.
Lisa lebt den cleanen Low-Carb-Lifestyle seit über 10 Jahren mit Genuss und regt mit ihrer Überzeugung und ihren geschmackvollen Rezepten und Fotografien zum Nachmachen an. Nach ihrem ersten Kochbuch „Gesunde Wohlfühlküche" erfüllte sie sich nun mit diesem zweiten Kochbuch erneut einen Traum.

@kochmitherz_lisa **Koch mit Herz** **kochmitherz.com**

Einleitung

GESUNDE ERNÄHRUNG ALS HERZENSANGELEGENHEIT

„Griaß eich". Mein Name ist Lisa, ich bin Gründerin von „Koch mit Herz" und Autorin dieses Kochbuches. Ich lebe mit meinem Mann Sean und meiner Tochter Valentina im wunderschönen Tirol in Österreich. Nach meinem abgeschlossenen Wirtschaftsstudium in Wien kehrte ich in meine Heimat Tirol zurück, wo ich für einige Zeit im Marketing arbeitete. 2016 habe ich dann mein Hobby zum Beruf gemacht und betreibe seither eine Kochschule, in der ich regelmäßig Kochworkshops veranstalte. Ich halte Vorträge, bin Bloggerin und nun auch zweifache Kochbuchautorin. Seit August 2020 zählt auch das Mama-Sein zu einer meiner größten Aufgaben.

Ich liebe es, in der Küche zu experimentieren und meiner Kreativität freien Lauf zu lassen. Aus diesen Versuchen entstehen die Rezepte für meinen Food Blog, für E-Books, meine Kochworkshops und weitere Kochbücher. Auch das Ablichten der gekochten Speisen bereitet mir große Freude.

Ich lebe seit mittlerweile über 10 Jahren clean sowie low-carb-high-fat und bin nicht nur aufgrund meiner eigenen Erfahrung und des Feedbacks meiner Kunden, sondern auch wegen der zahlreichen Langzeit-Studien zu dieser Ernährungsweise, von der positiven Wirkung überzeugt. Die Effekte auf unser Wohlbefinden, unsere Figur, Fitness, Darmgesundheit und Konzentrationsfähigkeit sind beachtlich, weshalb ich mich voll und ganz der Verbreitung dieser gesunden und ausgewogenen Ernährungsweise gewidmet habe. Ich hoffe, ich kann auch dich mit den Rezepten in diesem Kochbuch begeistern und dir meine „cleane Low-Carb-Ernährung" schmackhaft machen.

CLEAN EATING ALS BASIS

Sich low-carb-high-fat zu ernähren, muss nicht bedeuten, dass es auch gesund ist. Zudem gibt es viele falsche Informationen dazu und ungesunde Interpretationen davon im Web. Ich betrachte das Prinzip des „Clean Eating" (übersetzt: reines Essen) als Basis einer gesunden Ernährung und daher auch als Basis all meiner Gerichte. Bei Clean Eating achtet man auf Qualität, Herkunft und Verarbeitung der gekauften Lebensmittel, verwendet keine Fertiggerichte oder stark verarbeitete Produkte. Zudem sollen die meisten Lebensmittel regional und saisonal bezogen werden. Ist dies nicht möglich, oder möchte man auch hin und wieder exotische Produkte verwenden, sollte man ganz besonders auf Qualität und fairen Handel achten.

Zusammenfassend lässt sich sagen, dass man bei dieser Art von Ernährung auf alle Produkte verzichtet, die dem Körper keinen Mehrwert liefern oder ihm sogar schaden. Dazu zählen neben den genannten Fertig- und den stark verarbeiteten Produkten auch alle schlechten Kohlenhydrate wie Zucker oder Weißmehl. Aus diesem Grund sehe ich Low-Carb-High-Fat als unerlässlichen zweiten Schritt in Richtung einer ganzheitlichen, ausgewogenen, gesunden und langfristigen Ernährungs- und Lebensweise an. Ich nenne diese die „Cleane Low-Carb-Ernährung" à la Koch mit Herz.

Die Clean-Eating-Grundsätze im Überblick:

- Iss sauber – keine Fertigprodukte oder stark verarbeitete Lebensmittel
- Kaufe regional & saisonal, so oft wie möglich
- Koche selbst
- Iss viel Gemüse
- Streiche Zucker und schlechte, leere Kohlenhydrate vom Speiseplan
- Achte auf Ausgewogenheit & Vielfalt
- Iss Superfoods – bevorzugt heimische
- Achte auf hohe Qualität – greife, wenn möglich, zu BIO
- Verzichte auf Lebensmittel mit künstlichen Zusatzstoffen

RAN ANS GEMÜSE

Gemüse spielt bei einer cleanen Low-Carb-Ernährung eine übergeordnete Rolle. Dieses besteht, je nach Sorte, sehr oft aus reichlich Wasser, etwas Stärke sowie reichlich Ballaststoffen, Vitaminen und Mineralstoffen. Wie du an den Rezepten in diesem Kochbuch und auf meinem Blog siehst, muss Gemüse auch ganz und gar nicht langweilig sein.

Greife bei Gemüse und auch bei Obst bevorzugt zu den regional und saisonal verfügbaren Sorten. Diese enthalten durch den kurzen Transport deutlich mehr wertvolle Mikronährstoffe als lange transportierte Lebensmittel. Zudem tut man seinem Geldbeutel und der Umwelt einen Gefallen.

WAS BEDEUTET LOW-CARB?

Die Low-Carb-Ernährung ist weder eine Diät noch ein Trend, sie ist eine Einstellung – ein Lebensstil, bei dem man weder hungert noch Kalorien reduziert. Daher entsteht kein Jojo-Effekt, ebenso ist diese Ernährungsweise dauerhaft ohne Probleme umsetzbar. Auch für Kinder ist es vorteilhaft, sich clean und low-carb zu ernähren. Low-Carb bedeutet übersetzt: wenig Kohlenhydrate. Man vermeidet also Lebensmittel mit einem hohen Kohlenhydratgehalt und greift stattdessen vermehrt zu jenen mit hochwertigen Fetten und gesunden Proteinen. Dabei ist mir ganz wichtig zu betonen, dass man nicht auf alle Kohlenhydrate verzichtet, sondern diese lediglich reduziert und zu den guten greift, während man die schlechten Kohlenhydrate so gut es geht aus der Küche verbannt.

a. Zusammensetzung der Low-Carb-Speisen

Bei einer Low-Carb-Ernährung reduziert man nicht die Kalorien, die man über den Tag verteilt aufnimmt, sonst wäre es nämlich eine Diät. Man verändert lediglich die Quellen, aus denen die aufgenommenen Kalorien kommen.

- 1 g Kohlenhydrate = 4 Kalorien
- 1 g Eiweiß = 4 Kalorien
- 1 g Fett = 9 Kalorien

Wie du aber an den Kalorien pro Gramm siehst, haben Fette **mehr als doppelt so viele Kalorien** wie Kohlenhydrate. Ganz einfach und bildlich gesprochen, musst du also nicht statt den 100 g Getreide-Nudeln (= schlechte Kohlenhydrate), die du wegnimmst, 100 ml Sahne oder 100 g Nüsse hinzugeben, sondern lediglich 40 bis 50 g davon.

Die Zusammensetzung der täglich aufgenommenen Kalorien soll sich bei einer Low-Carb-High-Fat-Ernährung folgendermaßen zusammensetzen:

- max. 20 % gute Kohlenhydrate
- ca. 20 % bis 25 % Eiweiß (je nach sportlicher Aktivität)
- ca. 60 % Fette

Prozent an Makronährstoffen pro Tag

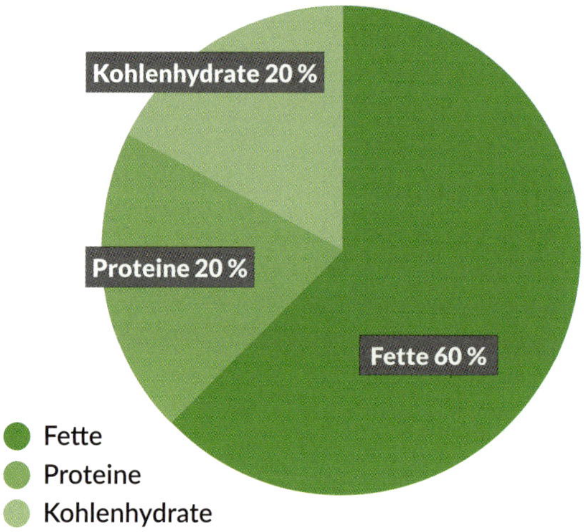

b. Verschiedene Arten von Kohlenhydraten

Viele denken bei Kohlenhydraten nur an die klassischen Beilagen wie Knödel, Nudeln, Reis oder auch Brot. Doch auch alle Zuckerarten zählen zu den Kohlenhydraten.

Kohlenhydrate ist also ein Überbegriff für zwei große Unterkategorien:

→ **ZUCKER** (Haushaltszucker, Fruchtzucker, Traubenzucker u. Ä.)

→ **STÄRKE** (Getreide, Hülsenfrüchte, Reis, Kartoffeln u. Ä.)

Ballaststoffe werden nicht als Kohlenhydrate verdaut, sondern gehen ohne den Blutzucker zu beeinflussen durch unseren Körper durch und nehmen den ganzen Schmutz mit, der nicht im Darm sein soll. Achte daher unbedingt auf eine **ballaststoffreiche Ernährung**, die mit Low-Carb-High-Fat-Speisen auf jeden Fall gewährleistet ist.

c. Gute gegen schlechte Kohlenhydrate

Da es nicht NO-Carb, sondern LOW-Carb heißt, entsteht kein kompletter Verzicht, sondern lediglich eine Reduktion und eine Veränderung der Zusammensetzung deiner Speisen. Die wenigen Kohlenhydrate, die man in seine Ernährung einbaut, sollen jedoch GUTE Kohlenhydrate sein.

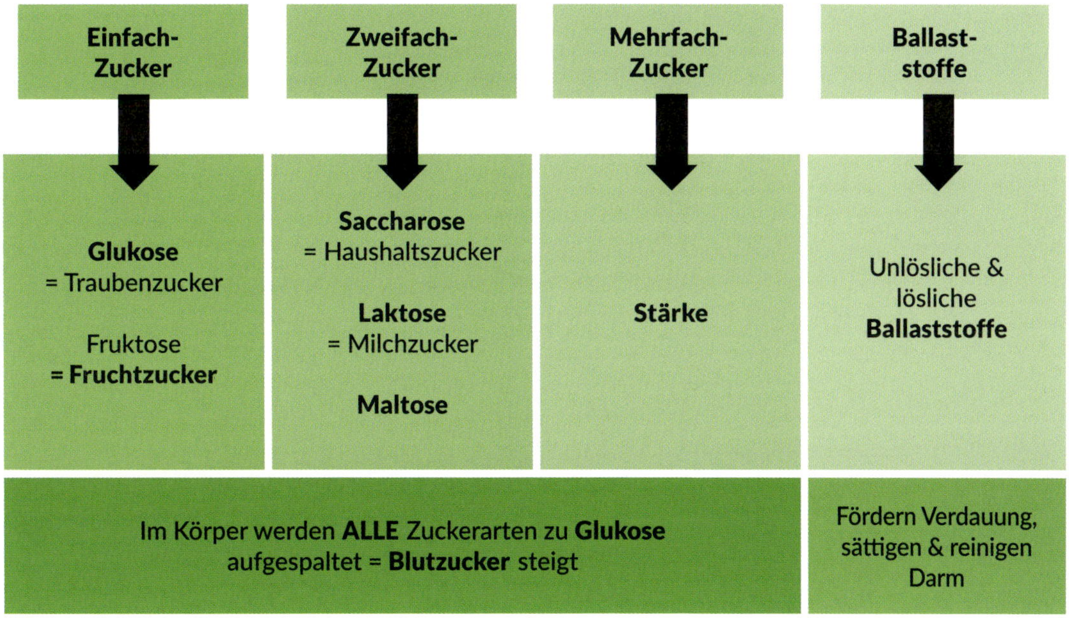

Gute Kohlenhydrate

✓ **Gemüse aller Art in Massen**
  Kartoffeln & Süßkartoffeln in Maßen

✓ **Obst & Beeren**
  Beeren bevorzugt
  Obst in Maßen

✓ **Hülsenfrüchte in Maßen**
  Kichererbsen
  Linsen
  Erbsen, Bohnen

✓ **Pseudogetreide in Maßen**
  Hirse, Buchweizen
  Quinoa, Amaranth

✓ **Vollkornprodukte in Maßen**
  Jedoch kein Weizen

Schlechte Kohlenhydrate sollen eine Ausnahme sein, die man sich hin und wieder gönnt.

Schlechte Kohlenhydrate

X **Zucker & Zuckererzeugnisse**
  Süße Backwaren
  Süßigkeiten
  Haushaltszucker
  Fertigprodukte
  Soßen, Aufstriche & Co.
  Light-Produkte
  Säfte & Softdrinks
  Obst-Smoothies & Shakes

X **Weißes Getreide & Erzeugnisse**
  Weizen, Dinkel, Roggen, Reis
  Couscous, Bulgur, Ebly & Co.
  Mais & Maisstärke
  Brot & Backwaren
  Nudeln
  Teige von Pizza, Gnocchi etc.
  Kuchen, Muffins & Co.

Achte unbedingt beim Einkauf darauf, was in deinem Wagen landet. Sehr viele (auch pikante) Produkte enthalten **zugesetzten Zucker**. So z. B. auch Senf, Essiggurken, Halbfertig- & Fertigprodukte, mariniertes Fleisch & Fisch, Gewürzmischungen, Saucen, Aufstriche etc.! Leider ist die Zuckerindustrie bereits sehr kreativ darin geworden, Zucker zu verstecken und ihm schwer erkennbare Namen zu geben.

KEIN LOW-CARB OHNE HIGH-FAT

Wenn ich von meiner cleanen Low-Carb-Ernährung spreche, fehlt eigentlich ein wichtiger Teil am Ende: High Fat. Um es zu vereinfachen und zu verkürzen, lass ich diesen Teil in der Theorie oft weg, jedoch nie in der Praxis.

Reduziert man die Kohlenhydrate in einer Speise, so muss man die fehlenden Kalorien anderweitig auffüllen. Zum einen mit reichlich Gemüse (enthält oft sehr viel Wasser) und zum anderen mit Fetten. Diese sorgen für die ausreichende Sättigung und auch ein tolles Geschmackserlebnis. Denn, wie unsere Oma schon wusste, ist Fett ein Geschmacksträger.

Viele denken immer noch, dass nur die pflanzlichen, also ungesättigten Fette gut und die tierischen, gesättigten schlecht sind. Seit einiger Zeit weiß man aber aufgrund zahlreicher Langzeitstudien, dass alle natürlichen Fette (also alle außer Transfette) gesund sind und von unserem Körper gut verwertet werden können, ohne unser Cholesterin zu erhöhen oder uns krank/dick zu machen. Achte bei Fett aber unbedingt auf die Qualität der verwendeten Produkte. Ein fettreiches Steak aus Massentierhaltung enthält nämlich keine guten Fette, jenes aus Weidehaltung aber schon.

a. Gute gegen schlechte Fette

SCHLECHTE FETTQUELLEN

X **Gehärtetes Fett = Transfett**

Backwaren
Fertiggerichte
Pommes, Pizza, Chips etc.
Margarine
KokosFETT (z. B. Ceres)
Minderwertiges fettreiches Fleisch aus Massenhaltung
Minderwertiger fettreicher Fisch
Minderwertige Öle

Alle anderen Fette sind gut, egal ob tierisch oder pflanzlich, ob gesättigt oder ungesättigt! Achte nur darauf, dass du eine ausgewogene Mischung aus pflanzlichen und tierischen Fetten konsumierst, bevorzugt mehr pflanzliche. Hier eine Liste mit Empfehlungen, wie man die guten Fette am besten verwendet:

GUTE FETTQUELLEN

✓ **Pflanzliche Fette**

Native Pflanzenöle (Olivenöl, Leinöl, etc.)
Natives Kokosöl, Nüsse, Saaten, Kerne & Samen (ganz & gemahlen)

✓ **Tierische Fette**

BIO-Ghee & Butterschmalz
BIO-Butter
BIO-Milchprodukte (Vollfett) wie Naturjoghurt, Sahne, Butter, Sauerrahm, Käse, etc.
BIO-Fleisch von Weidetieren
BIO-Geflügel
BIO-Fisch
BIO-Speck

ACHTUNG BEI EIWEISS

Auch ein Zuviel an Proteinen (= Eiweiß) kann im Körper zu Zucker umgewandelt werden und zudem die Leber belasten. Wenn du also eine Panik vor zu viel Fett nicht ablegst und stattdessen einfach die Proteinzufuhr erhöhst, kann es sogar passieren, dass du zunimmst. Abgesehen davon schadest du deiner Gesundheit.

Je nach sportlicher Aktivität und Job kann sich der Eiweißbedarf etwas erhöhen. Dieser kann aber ohne Probleme mit einer ausgewogenen Low-Carb-Ernährung gedeckt werden. Eiweißshakes oder ähnliche Präparate sind nicht nötig.

WARUM CLEAN & LOW-CARB ERNÄHREN?

Isst du ständig kohlenhydratreiche Mahlzeiten, befindest du dich ebenso ständig im Blutzucker-Teufelskreis. Das Energiehoch nach der Mahlzeit wird sehr schnell von einem **Energietief** abgelöst, bei dem man **Heißhunger**, **Lust** auf **Süßes**, **schlechte Laune** und Ähnliches verspürt. Zudem ist die **Fettverbrennung** immer **gehemmt**, sobald zu viel **Insulin** (Fettspeicherhormon) im Blut ist, um den Zucker daraus zu entfernen.

Aus diesem Teufelskreis entsteht kurzfristig ein Energieproblem. Ist dein Insulinspiegel tief gefallen, schreit dein Körper wieder nach einem Energieschub in Form von Kohlenhydraten, meist den schlechten wie Weißmehl- oder Zuckerprodukten. So entsteht ein Überkonsum, der nicht mehr verwertet werden kann und schlussendlich, nach und nach, zu Fett umgewandelt wird. Dieses Fett macht sich nicht nur optisch bemerkbar. Es hat großen Einfluss auf dein Wohlbefinden und deine Gesundheit. Herz-Kreislauf-Erkrankungen, Diabetes Typ 2, Fettleber und Fettleibigkeit können die langfristige Folge einer zu kohlenhydratreichen Ernährung sein.

Um also kurzfristig deine Leistungsfähigkeit, Konzentration, Laune, Darmgesundheit und dein Wohlbefinden zu steigern, solltest du dich clean und low-carb-high-fat ernähren. Langfristig tust du so auch deiner Gesundheit einen großen Gefallen.

VORTEILE EINER CLEANEN LOW-CARB-ERNÄHRUNG

Im Folgenden findest du noch einmal eine Zusammenfassung der wichtigsten Vorteile einen cleanen Low-Carb-High-Fat-Ernährung.

a. Kurzfristige Effekte

- Mehr Energie & Leistungsfähigkeit
- Bessere Konzentration
- Kein Heißhunger – Keine (Fr)essattacken
- Gesunder Darm (Zucker ernährt die schlechten Darmbakterien)
- Funktionierende Verdauung
- Schönere Haut, Haare, Nägel
- Nachhaltiger Fettabbau & Muskelaufbau, wenn gewünscht

b. Langfristige Effekte

- Vorsorge vor Krankheiten – HKE, Diabetes, Fettleber, Übergewicht / Adipositas etc.
- Wohlfühlgewicht (≠ Modelmaße)
- Gutes Vorbild für Nachwuchs = gesunde Kinder
- Wohlbefinden im Alter

DIE 5-STUNDEN-REGEL

Damit unser Körper auch wirklich an die Fettreserven gehen kann und auf der viel besseren Fettverbrennung läuft, musst du ihm auch die nötige Zeit zwischen den Mahlzeiten geben. Sobald Insulin im Blut ist, ist die Fettverbrennung gestoppt! Isst du also 2 bis 3 Stunden nach deiner letzten Hauptmahlzeit wieder einen kohlenhydrathaltigen Snack, schüttet der Körper Insulin aus und muss sich erstmal wieder um den Zucker im Blut kümmern, bevor er ans Fett geht. Dieser Kreislauf äußert sich bei vielen auch in Form von Heißhunger.

Lasse also den Körper 4 bis 5 Stunden zwischen den Hauptmahlzeiten arbeiten.

LOW-CARB MUST-HAVE-LEBENSMITTEL

Im Folgenden möchte ich dir die wichtigsten Low-Carb-Trockenzutaten vorstellen, die du auf jeden Fall in deinem Vorratsschrank haben solltest. Diese findest du, neben frischen Zutaten wie Gemüse, in den meisten meiner Rezepte wieder.

In dieser Liste findest du nur Trockenzutaten, die man in einer Küche ungekühlt für längere Zeit lagern kann. Alle frischen Zutaten wie Gemüse, Obst, Milchprodukte, Fleisch usw. solltest du so gut es geht saisonal und regional einkaufen. Die folgenden Low-Carb-Trockenzutaten sind aber eventuell nicht in jedem Supermarkt erhältlich, weshalb ich dir rate, einmal einen Vorrat anzuschaffen, den du dann für eine längere Zeit nutzen kannst. Auf meiner Produktliste (www.kochmitherz.com/produktliste) habe ich alle Produkte zu jener Marke verlinkt, die ich als Preis-Leistungs-Sieger sehe und auch privat sowie bei meinen Kochworkshops verwende.

a) Low-Carb-Mehle

Bei fast allen Rezepten, in denen man einen Low-Carb-Teig herstellt (also z. B. Brote, Kuchen, Kekse, Pizzen, Gnocchi etc.), wird ein Low-Carb-Mehl, also ein Nuss- oder Saatenmehl, statt dem klassischen Getreidemehl verwendet. Dabei ist zu beachten, dass man ein Getreidemehl nicht 1:1 mit einem Nuss- bzw. Saatenmehl ersetzen kann. Low-Carb-Mehle aus Nüssen und Saaten sind nicht nur kohlenhydratarm, sondern auch glutenfrei, ballaststoff- & proteinreich. Sie verhalten sich daher ganz anders als Getreidemehle. Halte dich also gerade bei Low-Carb-Teigen genau an mein Rezept.

Leinsamenmehl & Kokosmehl

Viele fragen mich, ob man denn Low-Carb-Mehle untereinander austauschen kann. Ja, das kann man. Ich rate dir also dazu, zumindest ein Nussmehl zu besorgen. Ich empfehle Leinsamenmehl für pikante Teige und Kokosmehl für süße Teige. Es gibt aber auch Haselnuss-, Walnuss-, Kürbiskern- oder Goldleinmehl. All diese Nussmehle kannst du grundsätzlich in etwa 1:1 ersetzen. Verwende ich also 100 g Mandelmehl in einem Rezept und du hast nur Kokosmehl zu Hause, kannst du auch 100 g Kokosmehl verwenden. Je nach Marke und Art des Nussmehles, kann sich die Saugfähigkeit aber etwas unterscheiden, weshalb du die Menge eventuell leicht anpassen musst.

Nüsse & Saaten

Eine Low-Carb-Ernährung funktioniert nicht, wenn nicht der Anteil der guten Fette im Essen erhöht wird. Nüsse, Mandeln und Saaten sind dabei essentiell und spielen vor allem bei der Low-Carb-Bäckerei (egal ob pikant oder süß) eine sehr wichtige Rolle. Ob ganze Nüsse oder gemahlene, du solltest unbedingt eine große Menge an Nüssen deiner Wahl in deinem Vorratsschrank haben.

Achte bei Nüssen und Mandeln auf jeden Fall auf gute Qualität und kaufe besser ganze, denn dann siehst du sofort, ob diese faul sind. Mahle sie einfach frisch, wenn du sie gemahlen für ein Rezept brauchst. Bevorzuge auch österreichische Produkte wie Walnüsse, Haselnüsse, Sonnenblumenkerne, Hanfsamen oder Kürbiskerne.

b) Low-Carb-Bindemittel Must-have

Gerade weil die genannten Low-Carb-Mehle von Nüssen und Saaten glutenfrei sind, benötigt man bei Low-Carb-Teigen ein extra Bindemittel, das den Teig zusammenhält. Gluten ist ein Bindemittel: Fehlt dieses, ist der Teig sehr brüchig. Bei vielen glutenfreien Produkten im Geschäft wird Maisstärke (wie z. B. auch bei vielen Soßen) verwendet. Mais ist aber ein schlechtes Kohlenhydrat, das uns aufbläht. Bei einer cleanen Low-Carb-Ernährung greift man also zu gesunden, natürlichen Bindemitteln.

Gemahlene Flohsamenschalen

Das effektivste Bindemittel, das du wohl in jedem meiner Rezepte mit Low-Carb-Teig findest, sind fein gemahlene Flohsamenschalen. Wie der Name schon sagt, sind es die gemahlenen Schalen von einem Samen, ein reines Naturprodukt also. Flohsamenschalen sind Ballaststoffe, die sehr viel Flüssigkeit aufnehmen und damit den Teig zusammenhalten. Zudem sättigen sie uns sehr gut und reinigen unseren Darm. Ein Multitalent, dass ein klares Must-have-Lebensmittel in der cleanen Low-Carb-Ernährung ist.

Auch wenn ich bei Rezepten nur 1 bis 2 TL Flohsamenschalen verwende, solltest du diese nie weglassen. Wenn genau diese 1 bis 2 TL fehlen, wird aus einem leckeren Low-Carb-Brötchen schlimmstenfalls ein Brösel-Haufen. Kaufe sehr fein gemahlene Flohsamenschalen, die aussehen wie Mehl; diese funktionieren am besten zum Backen.

Geschrotete Leinsamen

Auch Leinsamen sind ballaststoffreiche Samen, die sich mit Flüssigkeit vollsaugen. Leinsamen (gleich wie Chia-Samen) sind daher ebenfalls eine gute Möglichkeit, dem Low-Carb-Gericht etwas mehr Bindung zu verleihen und es zum anderen mit wichtigen Ballaststoffen anzureichern. Leinsamen binden aber viel weniger als Flohsamenschalen, du kannst diese also nicht untereinander austauschen. Kaufe am besten geschrotete Leinsamen, da ganze Leinsamen schlechter binden und auch nicht so gut vom Körper aufgenommen werden können.

Du kannst Leinsamen mit Chia-Samen ersetzen. Ich bevorzuge jedoch Erstere, weil diese in Österreich angebaut werden. Chia-Samen müssen hingegen importiert werden und haben daher keinen guten CO_2-Fußabdruck (und sie sind um einiges teurer). Wenn du Chia-Samen hin und wieder verwendest, ist es kein Problem, solange sie hochwertig sind.

c) Low-Carb-Zuckerersatz Must-have

Erythrit

Erythrit ist mein bevorzugter Zuckeraustauschstoff. Auch wenn er chemisch klingt, wird er genauso wie Birkenzucker (eigentlich Xylit genannt) durch Fermentation aus einer Pflanze, meist aus Mais, gewonnen. Erythrit kommt auch natürlich in verschiedenen Obst- und Gemüsesorten vor.

Erythrit ist kalorienfrei und hat somit auch keinen Einfluss auf unseren Blutzuckerspiegel. Er wird in Kristall- und Puder-Form verkauft und kann daher 1:1 wie Haushaltszucker verwendet werden. Der einzige Nachteil von Erythrit ist sein leicht kühler Nachgeschmack. Nach vielen Jahren der „Experimentiererei" habe ich herausgefunden, dass ich diesen Nachgeschmack durch die Zugabe von ein paar Tropfen hochwertigem, reinem Stevia aufheben kann.

Stevia

Stevia wird aus der Stevia-Pflanze gewonnen, ist ebenfalls kalorienfrei und hat keinen Einfluss auf den Blutzuckerspiegel. Leider hat Stevia den Ruf, „komisch" zu schmecken. Das liegt daran, dass die meisten minderwertiges, mit künstlichen Süßstoffen gemischtes Stevia probiert haben. Achte also beim Kauf auf die Zutatenliste und darauf, dass hochwertiges Stevia verwendet wird.

Kokosblütenzucker

Kokosblütenzucker enthält einen sehr hohen Anteil an Mineralstoffen und Vitaminen und einen etwas niedrigeren Kaloriengehalt als Zucker (ca. 40 % weniger). Ich mag den Geschmack von Kokosblütenzucker sehr und verwende ihn gerne als Topping oder in rohen Gerichten. Das Tolle an Kokosblütenzucker ist, dass man ihn 1:1 wie braunen Zucker verwenden kann.

Da er aber noch Einfluss auf unseren Blutzuckerspiegel hat, solltest du sparsam damit umgehen. Zudem ist Kokosblütenzucker ein von weit her importiertes Produkt und zudem recht teuer.

Kokosblütenzucker schmeckt übrigens nicht nach Kokos, wie der Name vielleicht vermuten lässt, sondern hat einen „karamelligen" Geschmack. Achte beim Kauf von Kokosblütenzucker vor allem auf seine Reinheit. Da es ein importiertes Produkt ist, empfehle ich BIO-Qualität aus fairem Handel.

d) Gute Kohlenhydrate als Low-Carb-Must-have

Viele denken, dass man bei einer cleanen Low-Carb-Ernährung komplett auf ALLE Kohlenhydrate verzichten muss. Das ist grundsätzlich schon mal unmöglich, da man dann auch kein Gemüse, Obst oder Milchprodukte mehr essen könnte. Auch Nüsse haben zum Beispiel Kohlenhydrate.

Zudem heißt diese Ernährungsweise ja nicht NO-Carb, sondern LOW (niedrig, wenig) Carb (Kohlenhydrate). Aus diesem Grund gehören auch gute Kohlenhydrate in deinen Low-Carb-Vorratsschrank, damit du, wenn's mal schnell gehen muss, nicht zu Getreidenudeln oder Brot greifst.

Pseudogetreide

Pseudogetreide wie Hirse, Quinoa und Buchweizen zählen definitiv zu den guten Kohlenhydratquellen, solange du sie in kleinen Mengen einsetzt. Bleibe bei unter 100 g Kohlenhydrate pro Tag, um einer Low-Carb-Ernährung zu folgen. Das für mich leckerste und am schnellsten gemachte Pseudogetreide ist Quinoa, daher landet Quinoa auch in der Liste der Low-Carb-Must-have-Lebensmittel. Die heimische und günstigere Alternative zu Quinoa ist Hirse.

Hülsenfrüchte

Gleich wie Pseudogetreide sind auch Hülsenfrüchte in kleinen Mengen gute Kohlenhydratquellen. Schaffe dir für deinen Vorratsschrank am besten Linsen (z. B. rote oder gelbe), Kichererbsen und Bohnen im Glas (oder getrocknet) sowie eventuell Käferbohnen an. Damit bist du dann für viele Low-Carb-Gerichte gewappnet.

Glutenfreie Vollkorn-Haferflocken

Sowohl für Frühstücksgerichte als auch für gesunde Snacks wie den Low-Carb-Müsliriegel verwende ich glutenfreie Vollkorn-Haferflocken. In moderatem Maße sind diese definitiv low-carb-geeignet und sollten in deinem Vorratsschrank nicht fehlen.

e) Sonstige cleane Low-Carb-Produkte

Folgende Produkte habe ich eigentlich immer mehrfach in meinem Vorratsschrank:

- zuckerfreien Dijon-Senf
- BIO-Tomatenmark
- BIO gewürfelte Tomaten im Glas
- hochwertige Tees zum Trinken und Kochen
- Pektin für Low-Carb-Marmeladen
- unterschiedliche BIO-Essige
- unterschiedliche, hochwertige BIO-Öle
- Kokosöl
- Kokosraspeln
- Kokosmilch
- zuckerfreies Nussmus wie z. B. Mandelmus oder Erdnussbutter
- zuckerfreie Zartbitterschokolade, wenn man mal was Süßes braucht
- hochwertige Weine zum Kochen
- Kapern, Sardinen & Sardellen im Glas
- selbstgemachtes, zuckerfreies Ketchup
- selbstgemachte, zuckerfreie Marmeladen
- selbstgemachtes Low-Carb-Knusper-Müsli
- TK-Gemüse, wenn der Kühlschrank mal aus Versehen leer ist
- rohes Kakaopulver, zuckerfrei
- glutenfreie Soja-Sauce
- selbstgemachte Gemüsebrühe-Paste

Koch mit Herz

Low-Carb Frühstück & Gebäck

Spinat-Bärlauch-Omelett mit Feta

FÜR 2 PORTIONEN | ARBEITSZEIT: 15 MINUTEN | SCHWIERIGKEIT: LEICHT

1 Zwiebel
1 Handvoll Bärlauch
(alternativ: Knoblauch)
1 Handvoll Spinat
etwas Kümmel
4 Eier (M)
100 ml Sahne
1 TL Salz
70 g Feta
1 EL Butter
etwas Pfeffer
etwas Olivenöl

1. Die Zwiebeln fein schneiden. Bärlauch waschen und grob hacken. Wenn Bärlauch keine Saison hat, stattdessen einfach 2 Knoblauchzehen fein hacken. Den Spinat waschen und trocken tupfen.
2. Die Eier in einer Schale mit Sahne und Salz verrühren. Die Butter in einer großen, beschichteten Pfanne (du kannst sonst auch 2 kleine Pfannen verwenden, wenn du keine große zur Verfügung hast) zerlassen. Zwiebeln, Kümmel und Bärlauch (bzw. Knoblauch) darin glasig dünsten. Den Spinat dazugeben und etwas salzen.
3. Die Eier-Sahne-Mischung in die Pfanne gießen, sodass sie sich gleichmäßig verteilt. Den Deckel der Pfanne schließen (du kannst auch einen großen Teller drauflegen) und das Omelett bei mittlerer Hitze für 4 Minuten braten.
4. Den Feta nun auf dem Omelett verteilen und den Deckel erneut aufsetzen. Für weitere 3 bis 4 Minuten braten, bis das gesamte Ei gestockt und der Käse zerlaufen ist. Die Unterseite sollte dabei nicht verbrennen. Gegebenenfalls die Hitze noch etwas reduzieren.
5. Zum Schluss das Omelett mit etwas Olivenöl garnieren, reichlich salzen und etwas pfeffern. Genieße eine Scheibe Low-Carb-Brot mit Belag deiner Wahl zum Spinat-Bärlauch-Omelett.

Hanf-Karotten-Brötchen

FÜR 6–8 BRÖTCHEN | ARBEITSZEIT: 15 MINUTEN | SCHWIERIGKEIT: LEICHT

4 Eier (M)
40 ml Hanf- oder Olivenöl
60 g Speisetopfen
120 g Karotten, fein geraspelt
100 g Hanfsamen
ca. 220 g Hanfmehl
2 TL Flohsamenschalen, gemahlen
2 TL Backpulver
1 TL Salz
½ TL Nelken
1 TL Kokosblütenzucker

1. Zu Beginn den Backofen (samt Pizzastein, wenn vorhanden) auf 220 °C Unter- & Oberhitze vorheizen. Nun die Eier kurz in einer Schüssel aufschlagen, bis sich Bläschen bilden.
2. Ein hochwertiges Öl und Speisetopfen dazugeben und so lange mixen, bis sich alles gut verbunden hat. Die Karotten (bevorzugt BIO) waschen und mit der Schale fein raspeln. Gemeinsam mit den Hanfsamen zum Teig geben und unterheben.
3. 200g Hanfmehl, Flohsamenschalen, Backpulver, Salz, Nelken und Kokosblütenzucker dazugeben und erneut gut vermengen. Ist der Teig zu feucht, etwas mehr Hanfmehl hinzufügen, bis sich der Brotteig gut mit feuchten Händen zu Brötchen formen lässt.
4. Leg die Teiglinge auf einem Backpapier aus und gib sie dann (z. B. mit einem Pizzaheber) direkt auf den Pizzastein/den Gitterrost im heißen Ofen. Reduziere die Hitze sofort auf 200 °C und backe die Brote für 10 Minuten. Die Temperatur dann auf 180 °C reduzieren und die Brötchen für weitere 20 Minuten backen.
5. Danach den Backofen abdrehen, die Türe öffnen und die Brötchen darin auskühlen lassen. Erst anschneiden, wenn sie komplett ausgekühlt sind. Diese können sowohl pikant als auch süß belegt werden.
6. Statt Hanfsamen kannst du auch Sesam verwenden. Das Hanfmehl solltest du jedoch nicht mit einem anderen Nussmehl wie z. B. Leinsamenmehl oder Mandelmehl ersetzen, da dieses etwas weniger Flüssigkeit bindet als andere Nussmehle und sich die verwendete Menge daher merklich ändern würde.

MEAL PREP TIPP: Lagere die Brötchen aufgrund ihrer Feuchtigkeit am besten in einer Papiertüte im Kühlschrank. Dort bleiben sie für etwa eine Woche unverändert. Einen Teil kannst du auch nach dem Auskühlen einfrieren. Bei Bedarf dann einfach über Nacht auftauen lassen.

Pikante Spinat-Muffins

FÜR CA. 8 MUFFINS | ARBEITSZEIT: 15 MINUTEN | SCHWIERIGKEIT: LEICHT

4 Eier
200 g Spinat
2 Knoblauchzehen
1 Zwiebel
1 TL Salz
1 TL Koriander, gemahlen
2 EL Petersilie, gehackt
150 g Schafskäse
40 g Leinsamen, geschrotet
1 TL Flohsamenschalen, gemahlen
40 g Haferflocken, geschrotet

1. Heize das Backrohr auf 180 °C Umluft vor. Hacke Zwiebel und Knoblauchzehen fein. Den Spinat gründlich waschen, ausdrücken und dann ebenfalls klein hacken. Den Käse deiner Wahl in Würfel schneiden und dann alles gemeinsam in eine Schüssel geben.

2. Eier, Salz, Koriander, Petersilie, Leinsamen, Flohsamenschalen und Haferflocken dazugeben und mit den Händen kräftig durchkneten, bis sich alles gut verbunden hat. Lasse den Teig für 10 Minuten ruhen. Währenddessen Muffin-Förmchen einfetten.

3. Verteile den Teig in den Förmchen und gib diese dann in den Ofen. Backe die pikanten Spinat-Muffins mit Feta für 30 bis 35 Minuten bei 180 °C Umluft.

MEAL PREP TIPP: Die Muffins kannst du mehrere Tage in einer Dose im Kühlschrank lagern und vor dem Essen einfach kurz in der Mikrowelle oder dem Backofen erwärmen.

Süße Bananen-Pancakes

FÜR 8 PANCAKES | ARBEITSZEIT: 15 MINUTEN | SCHWIERIGKEIT: LEICHT

FÜR DIE PANCAKES:
1 Banane, sehr reif
2 Eier (L)
etwas Zimt
2 EL Butter

FÜR DAS TOPPING:
1 Banane
optional: 1–2 EL Kakao-Nibs
optional: 1–2 EL Knuspriges Mandel-Müsli
(siehe Seite 24)

FÜR DIE SCHOKOSAUCE:
100 g Zartbitterschokolade (min. 85 % Kakao)
1 EL Butter

1. Die Banane schälen und in eine Schüssel geben. Mit einem Pürierstab zu einem Mus zerkleinern. Dann die Eier und etwas Zimt hinzugeben und weiter pürieren.
2. Optional kannst du noch 1 bis 2 EL Erythrit dazugeben, wenn du die Pancakes süßer haben willst. Wenn du aber eine sehr reife Banane verwendest, sollte der Teig süß genug sein.
3. Zerlasse 1 EL Butter in einer großen, beschichteten Pfanne. Gieße dann vier separate Kreise in die heiße Butter und verstreiche diese zu Pancakes. Diese sollten sich nicht berühren.
4. Wende die Pancakes nach ca. 2 bis 3 Minuten, wenn diese auf der ersten Seite ausreichend gebräunt sind und sich leicht vom Pfannenboden lösen. Auch die zweite Seite goldbraun braten. Wiederhole den Vorgang mit dem restlichen Teig.
5. Schmelze währenddessen die Zartbitterschokolade mit der Butter in einem Topf oder in der Mikrowelle.
6. Vor dem Servieren die Pancakes mit ein paar Scheiben Bananen, etwas Schokosauce und optional ein paar Kakao-Nibs und etwas Knusper-Müsli garnieren.

Süßer Leinsamen-Pudding

FÜR 2 PORTIONEN | ARBEITSZEIT: 15 MINUTEN | SCHWIERIGKEIT: LEICHT

FÜR DEN LEINSAMEN-PUDDING:
4 EL Leinsamen, geschrotet
6–8 EL Milch deiner Wahl
1 TL Gewürze deiner Wahl (Zimt, Vanille, Kardamom, Nelken o. Ä.)
½ TL Flohsamenschalen, gemahlen

FÜR DAS BEERENTOPPING:
200 g Erdbeeren, Himbeeren o. Ä. (frisch oder TK)
½ TL Flohsamenschalen, gemahlen

400 g Naturjoghurt

1. Für den Leinsamen-Pudding alle genannten Zutaten in einen Topf geben und gemeinsam unter ständigem Rühren zum Kochen bringen. Danach den Herd sofort wieder ausschalten und die Masse auf zwei verschließbare Gläser oder Dosen aufteilen.
2. Das Naturjoghurt deiner Wahl auf dem Leinsamen-Pudding verteilen.
3. Die Beeren deiner Wahl waschen, grob schneiden und in den Topf geben. Bei niedrigerer Hitze so lange erhitzen, bis sie weich werden und Flüssigkeit abgeben. Lasse diese etwas verkochen und verteile die Beeren dann auf dem Joghurt.
4. Solltest du (z. B. im Winter) Tiefkühlbeeren verwenden, empfehle ich dir, am Ende noch ½ TL Flohsamenschalen einzurühren, bevor du die Beeren auf die Gläser verteilst. Die Tiefkühlbeeren musst du natürlich nicht waschen und schneiden.

MEAL PREP TIPP: Genieße das Frühstück direkt, noch lauwarm, oder schließe den Deckel und stelle es in den Kühlschrank. So hast du in den nächsten Tagen ein fertiges Frühstück, das sich hervorragend für unterwegs einpacken lässt.

Veganes Knusper-Müsli

FÜR CA. 10 PORTIONEN (1 BLECH) | ARBEITSZEIT: 15 MINUTEN | SCHWIERIGKEIT: LEICHT

ca. 150 ml Aquafaba
(Abtropfwasser 1 Kichererbsen-Dose)
50 g Erythrit oder Kokosblütenzucker
1 TL Stevia, flüssig
200 g Mandeln
100 g Haferflocken, ganz
100 g Haselnüsse
100 g Hanfsamen
50 g Sonnenblumenkerne
50 g Leinsamen, geschrotet
1 TL Zimt
50 g Mandelmus oder Haselnussmus, zuckerfrei

1. Die Flüssigkeit von einer Dose oder einem Glas Kichererbsen oder weißen Bohnen abgießen und auffangen. Das Wasser, in denen die Hülsenfrüchte aufbewahrt werden, nennt man Aquafaba.
2. Mindestens 150 ml Aquafaba in einer Rührmaschine oder mit einem Handmixer für ca. 10 Minuten aufschlagen, bis es so steif wie aufgeschlagenes Eiweiß ist. Nach und nach Erythrit oder Kokosblütenzucker dazugeben.
3. Den Ofen auf 150 °C Umluft vorheizen. Die Haselnüsse und Mandeln grob hacken und zum Eiweiß in die Schüssel geben. Dann auch die Haferflocken, Hanfsamen (Alternative: Sesam), Sonnenblumenkerne, Leinsamen und Zimt hinzufügen und mit einer Spachtel gut umrühren.
4. Das Mandelmus oder ein anderes Nussmus darübergießen und erneut vermengen.
5. Leg eine Lage Backpapier auf ein Backblech und verteile die Masse gleichmäßig darauf. Achte darauf, dass überall gleich viel liegt, besonders am Rand. Drücke die Masse nicht an, sondern verteile sie locker mit deinen Fingern.
6. Gib das Backblech nun in den Ofen und backe das Low-Carb-Knusper-Müsli für ca. 30 bis 40 Minuten bei 150 °C Umluft, bis dieses gut gebräunt ist. Danach komplett auskühlen lassen, bevor du es zerbrichst und in ein Aufbewahrungsglas füllst.
7. Variiere die Nüsse und Saaten nach Lust und Laune. Statt Mandelmus kannst du auch Erdnussbutter, Walnussmus oder einfach nur geschmolzenes Kokosöl verwenden.

MEAL PREP TIPP: Dieses Müsli bleibt im Glas für mehrere Wochen ungekühlt frisch, backe also ruhig die doppelte Menge. Du musst es nicht im Kühlschrank lagern.

Wärmender Hirsebrei

FÜR 4 PORTIONEN | ARBEITSZEIT: 15 MINUTEN | SCHWIERIGKEIT: LEICHT

FÜR DEN HIRSEBREI:
50 g Hirse
250 ml Milch deiner Wahl
1 Zimtstange
2 Sternanis
Abrieb ½ BIO-Zitrone
½ TL Stevia
2 EL Erythrit
150 g Haselnüsse, geschält

FÜR DEN ZUCKERFREIEN BEERENRÖSTER
200 g Beeren deiner Wahl (optional TK)
2 EL Erythrit
½ TL Stevia
Abrieb ½ BIO-Zitrone
1–2 EL Wasser
1 TL Vanille, gemahlen

1. Die Hirse in ein Sieb geben und gründlich mit kaltem Wasser spülen. Gib die Milch deiner Wahl gemeinsam mit der Zimtstange und dem Sternanis in einen Topf und erhitze alles gemeinsam.
2. Die Gewürze aus der Milch entfernen und Hirse samt Erythrit, Stevia und Zitronenabrieb dazugeben. Lass die Hirse nun auf kleiner Hitze für ca. 30 Minuten zu einem Brei zerkochen.
3. Währenddessen die frischen oder tiefgefrorenen Beeren deiner Wahl (ich habe Moosbeeren verwendet) in einem kleinen Topf erhitzen. Erythrit, Stevia, Zitronenabrieb und wenn nötig etwas Wasser hinzufügen.
4. Bei mittlerer Hitze die Beeren so lange köcheln lassen, bis sie weich sind und die Flüssigkeit dicklich eingekocht ist. Zum Schluss die gemahlene Vanille oder das Mark einer halben Vanilleschote unterrühren.
5. Die Haselnüsse hobeln und in einer Pfanne ohne Fett leicht rösten. Sobald der Hirsebrei fertig ist, die Haselnüsse unterheben und beides auf Tellern oder in Schälchen anrichten. Den Beerenröster großzügig darauf verteilen und warm genießen.

MEAL PREP TIPP: Der Hirsebrei lässt sich hervorragend für mehrere Tage im Kühlschrank aufbewahren. Der Beerenröster kann noch heiß in ein Einmachglas gefüllt werden und hält so mehrere Wochen im Kühlschrank.

Cranberry-Hafer-Donuts

FÜR 8 STÜCK | ARBEITSZEIT: 15 MINUTEN | SCHWIERIGKEIT: LEICHT

FÜR DIE DONUTS:

4 Eier (M)
50 g Butter
50 g Topfen
50 g Erythrit
1 TL Stevia, flüssig
50 g Cranberrys, zuckerfrei & getrocknet
50 g Haferflocken, geschrotet
50 g Mandeln oder Nüsse, gemahlen
30 g Leinsamen, geschrotet
1 TL Vanille, gemahlen
1 TL Backpulver

FÜR DIE ZUCKERFREIE GLASUR:

50 g Puder-Erythrit
1 TL Stevia, flüssig
1 TL Zitronensaft
1 EL Naturjoghurt

1. Heize den Backofen auf 180 °C Unter- & Oberhitze vor. Schmelze die Butter darin. Schlag dann die Eier mit dem Erythrit und Stevia schaumig und gib den Topfen dazu. Erneut gut mixen.
2. Während du kräftig rührst, nach und nach die flüssige Butter zum Teig gießen. Nun die restlichen Zutaten zum Teig geben und gut unterheben.
3. Fette 8 bis 10 Donuts-Förmchen (du kannst auch Muffin-Formen verwenden) ein und verteile den Teig gleichmäßig darin.
4. Backe die Donuts nun bei 180 °C Unter- & Oberhitze für 25 Minuten. Danach vollständig auskühlen lassen.
5. Für die Glasur Puder-Erythrit, Stevia, Zitronensaft und Naturjoghurt in einer Schüssel vermengen und dann auf den abgekühlten Donuts verteilen.

MEAL PREP TIPP: Lagere die Donuts ohne Glasur für mehrere Tage im Kühlschrank. Du kannst sie dann noch Tage danach mit etwas Naturjoghurt oder zuckerfreier Marmelade genießen.

Süße Palatschinken

FÜR CA. 8 PALATSCHINKEN | ARBEITSZEIT: 30 MINUTEN | SCHWIERIGKEIT: MITTEL

FÜR DIE PALATSCHINKEN:

4 Eier (M)
200 ml Milch
100 g Topfen
40 g Kokosmehl
50 g Puder-Erythrit
½ TL Stevia, flüssig
20 g Leinsamen, geschrotet
1 TL Flohsamenschalen, gemahlen
1 TL Backpulver
1 TL Vanille, gemahlen
1 TL Butter

FÜR DIE ZUCKERFREIE HASELNUSSCREME:

200 g Haselnüsse, geröstet & geschält
(oder 100 g Haselnussmus)
1 Prise Salz
3 EL Haselnussöl
2 EL Kakaopulver, zuckerfrei
1 Vanilleschote
2 EL Puder-Erythrit
½ TL Stevia, flüssig

1. Eier, Milch (du kannst auch zuckerfreie Mandelmilch verwenden) und Topfen (du kannst auch zuckerfreies Kokosjoghurt verwenden) so lange mixen, bis sich alles gut verbunden hat.
2. Füge nun die restlichen Zutaten hinzu und mix noch einmal alles durch. Lass den Teig für ca. 5 Minuten ruhen und rühr dann noch einmal um.
3. Währenddessen für die zuckerfreie Haselnusscreme die gerösteten und geschälten Haselnüsse in einen starken Mixer geben und so lange zerkleinern, bis schlussendlich ein Mus entstanden ist.
4. Wenn du keinen starken Mixer hast, kannst du auch zuckerfreies Haselnussmus verwenden. Alle weiteren Zutaten zum Haselnussmus geben und erneut mixen.
5. Erhitze 1 TL Butter in einer weiten, beschichteten Pfanne (Stufe 5 von 10). Sobald die Pfanne heiß ist, einen Schöpfer Teig in die Pfanne geben.
6. Nun den Teig am besten mit einer Teigspachtel verstreichen. Dabei ist Geduld und Fingerspitzengefühl gefragt. Der Teig lässt sich nicht ganz so einfach und dünn ausstreichen wie ein klassischer Palatschinkenteig. Nichtsdestotrotz gelingt es, wenn du dir Zeit lässt.
7. Leg einen Deckel auf die Pfanne und brate die Palatschinke so lange auf der ersten Seite, bis sich der Teig vom Boden von selbst löst und schon leicht Farbe angenommen hat.
8. Wende den Teig vorsichtig (am besten mit 2 Pfannenwendern) und brate auch die zweite Seite goldbraun. Wiederhole diesen Vorgang so lange, bis der gesamte Teig aufgebraucht ist.
9. Die Low-Carb-Palatschinken zum Servieren mit reichlich zuckerfreier Haselnusscreme (oder zuckerfreier Marmelade) füllen.

Bananen-Karotten-Muffins

FÜR 10 STÜCK | ARBEITSZEIT: 15 MINUTEN | SCHWIERIGKEIT: LEICHT

100 g Karotten
2 Bananen
2 Eier (M)
50 g Erdnussbutter, zuckerfrei
50 ml Butter, flüssig
50 g Leinsamen, geschrotet
100 g Haferflocken, geschrotet
50 g Kokosmehl oder Leinsamenmehl
1 TL Backpulver
etwas Zimt

1. Heiz den Backofen auf 200 °C Unter- & Oberhitze vor. Die Karotten fein reiben oder in einem Mixer zerkleinern.
2. Gib die Bananen (in Stücke gebrochen), Eier und die Erdnussbutter in eine Schüssel und verarbeite alles mit einem Pürierstab zu einem Brei. Die flüssige Butter dazugeben und erneut mixen.
3. Nun auch Karotten, Leinsamen, Haferflocken, Kokos- oder Leinsamenmehl sowie Backpulver und Zimt dazugeben und mit einer Spachtel oder einem Löffel gut vermengen.
4. Ca. 10 Muffin-Förmchen einfetten und den Teig darin verteilen. Back die Bananen-Karotten-Muffins nun für 10 Minuten bei 200 °C Unter- & Oberhitze. Reduziere dann die Hitze auf 180 °C und back sie für weitere 30 Minuten.
5. Danach komplett abkühlen lassen, bevor du sie aus den Förmchen nimmst. Genieß die Muffins am besten lauwarm, z. B. mit etwas Naturjoghurt oder Skyr.

MEAL PREP TIPP: Du kannst die Muffins für mehrere Tage im Kühlschrank lagern. Einfach vor dem Verzehr kurz in der Mikrowelle oder im Backofen erwärmen. Du kannst sie aber auch für unterwegs einpacken und kalt genießen.

Heidelbeer-Waffeln

FÜR 4 WAFFELN | ARBEITSZEIT: 30 MINUTEN | SCHWIERIGKEIT: LEICHT

30 g Kokosmehl
30 g Mandeln oder Nüsse, gemahlen
30 g Erythrit
1 TL Stevia, flüssig
½ TL Backpulver
½ TL Vanille
50 ml Milch deiner Wahl
50 ml Kokosöl oder Butter, flüssig
3 Eier (M)
100 g gefrorene Heidelbeeren
(oder Beerenmischung)

ALS TOPPING:
4 EL Beeren deiner Wahl, frisch oder aufgetaut
etwas Puder-Erythrit

1. Vermenge Kokosmehl, geriebene Mandeln oder Nüsse, Erythrit, Stevia, Backpulver und Vanille in einer Schüssel.
2. Schmelze das Kokosöl oder die Butter in der Mikrowelle oder einem Topf und gieße es dann in die Schüssel. Die Milch dazugeben und umrühren.
3. Zum Schluss die Eier hinzufügen und am besten mit einem Handmixer (oder einem Schneebesen) kräftig verrühren.
4. Zum Schluss die gefrorenen Beeren deiner Wahl (ich habe Heidelbeeren und ein paar Ribisel verwendet) vorsichtig unterheben. Die Beeren sollten auf jeden Fall gefroren sein.
5. Währenddessen das Waffeleisen aufheizen und etwas Kokosöl oder Butter darauf verstreichen, damit der Teig dann nicht anklebt.
6. Verteile ausreichend Teig im Waffeleisen, wenn dieses heiß ist. Schließ den Deckel und lass ihn so lange geschlossen, bis dein Waffeleisen anzeigt, dass die Waffeln fertig sind.
7. Öffne das Waffeleisen nicht zu früh, sonst zerreißt du die Waffeln womöglich. Nimm die fertigen Waffeln raus, leg sie auf einen Teller und verteile den restlichen Teig im Waffeleisen. So lange wiederholen, bis der Teig aufgebraucht ist. Die fertigen Waffeln kannst du im Backofen warm halten.
8. Vor dem Servieren die Waffeln auf den Tellern verteilen und mit frischen oder aufgetauten Beeren deiner Wahl sowie etwas Puder-Erythrit und Minze garnieren.
9. Wer mag, verteilt noch etwas Naturjoghurt oder Schlagsahne darauf. Die Waffeln sind aber schon super saftig, weshalb ich sie mit Puder-Erythrit und frischen Beeren am besten finde. Wenn du noch etwas Crunch dazu möchtest, verteile einfach etwas Knusper-Müsli (siehe Seite 24) auf den Waffeln.

MEAL PREP TIPP: Die Waffeln lassen sich auch sehr gut für mehrere Tage im Kühlschrank aufbewahren und bei Bedarf in der Mikrowelle oder im Ofen erhitzen. Variiere die Toppings nach Lust und Laune. Du kannst auch das zuckerfreie Haselnusscreme (Seite 30) oder einen Beerenröster (Seite 26) dazu genießen.

Koch mit Herz

Low-Carb-Suppen

Schnelle Sommer-Gazpacho

FÜR 2 PORTIONEN | **ARBEITSZEIT: 15 MINUTEN** | **SCHWIERIGKEIT: LEICHT**

200 g Tomaten
100 g Gurke
1 Frühlingszwiebel
1 Knoblauchzehe
1 EL frisches Basilikum, gehackt
2 EL Olivenöl
1 EL Weißweinessig
1–2 TL Salz
etwas Pfeffer

FÜR DAS TOPPING:
1–2 EL Olivenöl
etwas Basilikum
1–2 Tomaten
3–4 Gurkenscheiben

1. Das Gemüse waschen und grob schneiden. Die Knoblauchzehe schälen, mit dem gesamten Gemüse sowie den restlichen Zutaten in einen Messbecher geben und mit einem Stabmixer pürieren.

2. Die Gazpacho zum Servieren mit reichlich Olivenöl beträufeln und mit Basilikum, Tomatenvierteln und Gurkenscheiben garnieren.

MEAL PREP TIPP: Diese Suppe lässt sich hervorragend für mehrere Tage im Kühlschrank aufbewahren. Sie eignet sich auch sehr gut zum Mitnehmen, da man sie kalt isst.

Grüne Spargelcremesuppe

FÜR 4–6 PORTIONEN | ARBEITSZEIT: 30 MINUTEN | SCHWIERIGKEIT: LEICHT

2 kg grüner Spargel (davon nur die untere Hälfte)
1,5 Liter Wasser
2 EL Gemüsebrühe, zuckerfrei
1 EL Salz
2 Zwiebeln
4 Knoblauchzehen
2 EL Butterschmalz
2 TL Kümmel, ganz
1 EL Thymian
optional: 4 EL Brunnenkresse, gehackt
1 Schuss Weißwein
1 Liter Spargel-Fond (selbst gemacht)
1 EL Salz
etwas Pfeffer
150 ml Sahne (vegane Alternative: Kokosmilch)
1 EL Butter

1. Da wir diese grüne Spargelcremesuppe nur aus den Abschnitten vom grünen Spargel herstellen, solltest du 2 kg ganzen Spargel vorrätig haben. Wir verwenden aber nur die untere Hälfte jeder Spargel Stange. Die feinen, zarten Spargel-Spitzen kannst du zum Beispiel kurz in Butter braten und auf einen Salat geben.

2. Beginne damit, den Spargel-Fond herzustellen. Zuerst den Spargel gründlich waschen. Nun 1 bis 2 cm vom untersten Ende (den holzigen Teil) abschneiden und in einen Topf geben. Wenn du weißen Spargel verwendest, schäle diesen und verwende auch die Schalen für den Fond.

3. Füll die Enden (und Schalen) mit ca. 1,5 Liter Wasser auf, dann Salz und Gemüsebrühe dazugeben. Bring den Inhalt zum Kochen und reduziere dann die Hitze etwas. Ohne Deckel für 30 bis 40 Minuten köcheln lassen, anschließend abseihen, den Spargel-Fond auffangen und die holzigen Enden (und Schalen) entsorgen.

4. Für die Spargelcremesuppe währenddessen noch einmal 2 bis 3 cm (je nach Länge der Spargelstangen) vom Spargel abschneiden und diesen mittleren Teil in eine Schüssel geben.

5. Zwiebeln und Knoblauch grob schneiden und die Brunnenkresse (wenn vorhanden) waschen und ebenfalls grob hacken. Erhitze reichlich Butterschmalz in einem großen Topf und gib Zwiebeln, Knoblauch, Kümmel, Thymian und Spargel-Mittelstücke dazu. Brate alles für 3 bis 4 Minuten an.

6. Stelle den Herd auf höchste Hitze, rühre einmal kräftig durch und lösche dann mit einem guten Schuss hochwertigem Weißwein ab. Lasse den Alkohol verkochen, reduziere dann die Hitze und gieße mit dem Spargel-Fond auf. Brunnenkresse dazugeben.

7. Salze die Suppe reichlich und lasse sie bei geschlossenem Deckel für 30 Minuten auf mittlerer Hitze köcheln. Danach den Deckel entfernen und weitere 30 Minuten bei niedrigerer Hitze köcheln.

8. Püriere die Suppe im Anschluss und gib die Sahne (oder Kokosmilch) dazu. Ist die Suppe zu dickflüssig, kannst du noch etwas Spargel-Fond oder Sahne dazugeben und erneut pürieren. Zum Schluss mit Salz und Pfeffer abschmecken. Verteile die Suppe auf den Tellern und garniere sie mit Brunnenkresse und etwas Schlagsahne.

Feurige Linsen-Erdnuss-Suppe

FÜR 4 PORTIONEN | ARBEITSZEIT: 15 MINUTEN | SCHWIERIGKEIT: LEICHT

1 EL Ingwer, gehackt
4 Knoblauchzehen
1 große Zwiebel
2 EL Butterschmalz oder Erdnussöl
1 EL Currypaste, zuckerfrei
1 EL Thymian, abgezupft
70 g gelbe Linsen
200 ml Kokosmilch oder Sahne
800 ml Gemüsebrühe
1 Karotte

2 EL Erdnussbutter, zuckerfrei
Saft & Abrieb ½ BIO-Orange
1 TL Salz
1 TL Kurkuma, gemahlen
1 TL Kardamom, gemahlen
1 EL Currypulver
etwas Pfeffer & Chili
ein paar gehackte Erdnüsse
etwas Kokosmilchschaum oder Schlagsahne

1. Ingwer, Knoblauch und die Zwiebel grob hacken und in reichlich Butterschmalz (oder Erdnussöl) gemeinsam mit der zuckerfreien Currypaste und dem abgezupften Thymian anbraten.
2. Die Linsen in ein Sieb geben und gründlich mit kaltem Wasser abwaschen. Wenn die Zwiebeln glasig und leicht gebräunt sind, die abgetropften Linsen dazugeben und mit Kokosmilch oder Sahne sowie Brühe aufgießen. Die Hitze auf mittlere Stufe reduzieren und gelegentlich umrühren.
3. Die Karotte waschen, in kleine Stücke schneiden und ebenfalls in die Suppe geben. Nun diese reichlich salzen. Für 15 Minuten köcheln lassen, dann die Erdnussbutter und Orangensaft sowie -abrieb dazugeben. Mit einem Stabmixer fein pürieren.
4. Nun die Gewürze (ich empfehle Kurkuma, Curry, Kardamom, Pfeffer und Chili) hinzufügen und erneut pürieren. Ein paar Erdnüsse grob hacken und etwas Kokosmilch oder Sahne aufschäumen.
5. Die Suppe auf Teller verteilen und mit etwas Kokosmilchschaum oder Schlagsahne sowie gehackten Erdnüssen garnieren.

MEAL PREP TIPP: Die Suppe noch heiß in sterile Einmachgläser füllen und fest verschließen. So ist sie für mindestens 4 Wochen im Kühlschrank haltbar. Auch in einer normalen Dose kannst du sie für eine Woche im Kühlschrank lagern.

Orientalische Kürbis-Karotten-Suppe

FÜR 2 PORTIONEN | ARBEITSZEIT: 15 MINUTEN | SCHWIERIGKEIT: LEICHT

FÜR DIE SUPPE:
½ Hokkaido-Kürbis
2 Karotten
1 Zwiebel
2 Knoblauchzehen
1 EL Ingwer, fein gehackt
2 EL Kokosöl
2 EL Curry
1 TL Kreuzkümmel, gemahlen
2 TL Salz
etwas Pfeffer & Chili
ca. 300–400 ml Gemüsebrühe
250 ml Kokosmilch

ZUM GARNIEREN:
etwas Sesam & Nüsse deiner Wahl
etwas Kokosmilch
frische Kräuter deiner Wahl

1. Den Hokkaido-Kürbis und Karotten waschen und samt Schale in grobe Würfel schneiden. Zwiebeln und Knoblauch schälen und ebenfalls grob schneiden. Den Ingwer schälen und fein reiben.
2. Reichlich Kokosöl in einem Topf erhitzen und dann das gesamte Gemüse darin anbraten. Mit Curry und Kreuzkümmel würzen, wenn gewünscht etwas Chili und Pfeffer dazugeben und reichlich salzen.
3. Wenn das Gemüse ausreichend geröstet ist, mit der Gemüsebrühe aufgießen, bis das gesamte Gemüse bedeckt ist. Die Hitze auf mittlere Stufe reduzieren und die Suppe bei geschlossenem Deckel für 20 Minuten köcheln lassen.
4. Den Deckel entfernen und die Suppe weitere 10 Minuten köcheln, danach fein pürieren und die Kokosmilch dazugeben. Mit Salz, Pfeffer und Chili abschmecken und auf Schälchen verteilen.
5. Mit Sesam, gerösteten Nüssen deiner Wahl, etwas Kokosmilch und frischen Kräutern garnieren und genießen.

MEAL PREP TIPP: Bereite einfach die doppelte oder vierfache Menge zu und fülle den Rest noch heiß in Einmachgläser. Diese kannst du über eine Woche im Kühlschrank und über mehrere Monate im Tiefkühler aufbewahren.

Koch mit Herz

Vegane Low-Carb-Hauptspeisen

Herbstliche Buddha-Bowl

FÜR 2 PORTIONEN | ARBEITSZEIT: 30 MINUTEN | SCHWIERIGKEIT: LEICHT

FÜR DAS OFENGEMÜSE:
½ Kürbis, Hokkaido oder Butternuss
200 g Kohlsprossen
4 EL Olivenöl
2 TL Curry
1–2 TL Salz

FÜR DEN ROTKRAUT-SALAT:
¼ Kopf Rotkraut
2 EL Apfelessig
2 EL Olivenöl
1 EL Salz
1 EL Kümmel

FÜR DAS DRESSING:
4 EL Olivenöl
2 EL Apfelessig
1 EL Sojasauce, glutenfrei
1 EL Dijon-Senf
1 TL Salz
etwas Pfeffer

SONSTIGES:
1 Kohlrabi
2 Handvoll Salat deiner Wahl
2–3 EL Kichererbsen
2–3 EL Kürbiskerne

1. Heize den Backofen auf 200 °C Unter- & Oberhitze vor. Wasch den Kürbis und schneide ihn in ca. 0,5 cm dünne Streifen. Die Kohlsprossen ebenfalls waschen und halbieren.
2. Verteile die Kürbisscheiben und Kohlsprossen auf einem Backblech, sodass sie nicht übereinanderliegen. Mariniere alles mit reichlich Olivenöl, Curry und Salz.
3. Backe das Gemüse für 20 bis 30 Minuten bei 200 °C Unter- & Oberhitze (je nachdem, wie knackig du das Gemüse haben möchtest).
4. Für den Rotkraut-Salat das Rotkraut fein reiben und mit reichlich Apfelessig, Olivenöl, Salz und Kümmel marinieren. Knete das Kraut anschließend so lange mit den Händen durch, bis es weich wird.
5. Für das Dressing alle genannten Zutaten in einen Messbecher geben und mit einem Stabmixer pürieren.
6. Schäle den Kohlrabi und reibe ihn fein oder verarbeite ihn in einer Küchenmaschine zu feinen Streifen oder Würfeln. Verteile den Kohlrabi dann auf zwei Schüsseln. Ebenso den grünen Salat deiner Wahl und den Rotkraut-Salat.
7. Sobald das Ofengemüse fertig ist, kannst du auch dieses auf die Schüsseln verteilen. Garniere die Bowl mit reichlich Dressing, ein paar Kichererbsen sowie Kürbiskernen.

MEAL PREP TIPP: Bereite am besten die doppelte Menge von jeder Komponente zu und bewahre diese separat in Glasdosen im Kühlschrank auf. So kannst du die Komponenten die Tage danach in anderer Zusammensetzung genießen.

Gesundes Risi-Bisi mit Karfiol-Reis

FÜR 2 PORTIONEN | ARBEITSZEIT: 15 MINUTEN | SCHWIERIGKEIT: LEICHT

500 g Karfiol
1 große Zwiebel
1 TL Kümmel
100 ml Gemüsebrühe
200 g Erbsen (TK oder frisch)
2 EL Petersilie, gehackt
1 TL Salz
etwas Pfeffer
2 EL Butterschmalz

1. Für den „Reis" den Karfiol waschen und in kleine Stücke schneiden und in einer Küchenmaschine so lange zerkleinern, bis der Karfiol eine Reis-ähnliche Größe angenommen hat. Befülle den Mixer dabei nur bis zur Hälfte, sonst wird aus dem Reis schnell ein Mus.
2. Schäle die Zwiebel und hacke diese klein. Erhitze reichlich Butterschmalz in einer großen Pfanne (z. B. einem Wok), gib Zwiebeln, Kümmel und Karfiol-Reis hinein und brate alles bei großer Hitze scharf an. Wende den Karfiol dabei nur einmal, also nicht ständig umrühren.
3. Lösche den Reis nun mit der Gemüsebrühe ab. Füge die Erbsen hinzu und lasse das Risi-Bisi kurz bei großer Hitze braten, bis die Flüssigkeit verdampft ist.
4. Währenddessen die Petersilie waschen und fein hacken. Zum Schluss diese mit dem Salz und Pfeffer unter das Risi-Bisi mischen und auf den Tellern anrichten.

MEAL PREP TIPP: Zerkleinere den gesamten Karfiol-Kopf und verwende den restlichen Karfiol-Reis für ein anderes Gericht, zum Beispiel für den gebratenen Karfiol-Reis (Seite 96) oder für das Schwammerl-Risotto (Seite 70).

Sommerliches Letscho

FÜR 2 PORTIONEN | ARBEITSZEIT: 15 MINUTEN | SCHWIERIGKEIT: LEICHT

FÜR DAS LETSCHO:
3 Paprika (z. B. grün, rot und gelb)
250 g Cherrytomaten (z. B. rot & gelb)
1 Zwiebel, rot
2 Knoblauchzehen
1 TL Rosmarin
1 TL Thymian
1 TL Paprikapulver
1 TL Salz
1 EL Kokosblütenzucker
2 EL Weißweinessig
1 EL Butterschmalz

FÜR DEN SALAT:
2 Handvoll bunte Blattsalate deiner Wahl
4 EL Olivenöl
3 EL Weißweinessig
1 TL Salz
etwas Pfeffer
etwas Basilikum

1. Paprika und Tomaten waschen und in grobe Stücke schneiden. Zwiebel und Knoblauch schälen und gemeinsam mit den Kräutern fein hacken.
2. Das Butterschmalz in einer Pfanne erhitzen und das gesamte Gemüse sowie Rosmarin und Thymian darin glasig dünsten. Mit Paprikapulver, Salz und Kokosblütenzucker würzen. Dann mit einem Schuss Weißweinessig ablöschen und den Herd abdrehen.
3. Den gewaschenen Salat in einer Schüssel mit Olivenöl, Weißweinessig, Salz, Pfeffer und frischem Basilikum marinieren und dann auf zwei Tellern verteilen. Reichlich Letscho dazu anrichten und mit etwas Low-Carb-Brot oder Low-Carb-Knäckebrot genießen.

MEAL PREP TIPP: Koche einfach die doppelte Menge vom Letscho und verwende es ein paar Tage später (währenddessen im Kühlschrank lagern) als Soße zu Gemüse-Nudeln.

Zoodles mit Linsen-Bolognese

FÜR 2 PORTIONEN | ARBEITSZEIT: 30 MINUTEN | SCHWIERIGKEIT: LEICHT

FÜR DIE LINSEN-BOLOGNESE:
70 g rote Linsen
1 Zwiebel
2 Knoblauchzehen
1 TL Kümmel, ganz
1 EL Thymian, gehackt
1 EL Kapern (wenn gewünscht)
1 EL Tomatenmark
50 ml Rotwein
1 Dose (200 g) Tomaten
1 TL Salz
1 EL Kokosblütenzucker
1 EL Paprikapulver
4 EL Butter

FÜR DIE ZOODLES:
2 Zucchini
1 EL Butterschmalz
1 TL Salz
1 EL Thymian

FÜR DAS TOPPING:
1 EL Pinienkerne
1 EL Kürbiskerne
2 EL Olivenöl
1 TL grobes Salz
etwas Basilikum

1. Zuerst die roten Linsen gründlich in einem Sieb waschen. Nun Zwiebeln und Knoblauch fein hacken und in 2 EL Butter gemeinsam mit Kümmel, Thymian und (wenn gewünscht) Kapern glasig dünsten.
2. Die roten Linsen sowie etwas Tomatenmark dazugeben, die Hitze auf höchste Stufe stellen und kurz rösten. Dann mit Rotwein ablöschen. Lass den Alkohol verdampfen und reduziere dann die Hitze wieder.
3. Gib nun passierte Tomaten, Salz, Kokosblütenzucker (oder Erythrit) und Paprikapulver dazu und rühre alles kräftig durch.
4. Die Linsen-Bolognese dann bei mittlerer Hitze für ca. 10 Minuten köcheln lassen. Den Deckel danach abnehmen und für weitere 5 Minuten einkochen, sodass die Bolognese dickflüssig ist. Zum Schluss die restliche Butter dazugeben.
5. Währenddessen die Zucchini waschen und die Enden abschneiden. Nun diese mit einem Spiralschneider zu Nudeln spitzen. Kurz vor dem Anrichten reichlich Butterschmalz in einer Pfanne erhitzen.
6. Brate die Zucchini-Nudeln (Zoodles) samt Thymian bei sehr hoher Hitze für 1 bis 2 Minuten darin scharf an, einmal wenden und erst zum Schluss salzen. Du kannst die Zucchini-Nudeln auch roh verwenden.
7. Richte die gebratenen Zoodles auf zwei Tellern an und verteile reichlich Linsen-Bolognese darauf. Mit Pinienkernen, Kürbiskernen, Olivenöl und Basilikum garnieren und genießen.

MEAL PREP TIPP: Koche die doppelte Menge der Linsen-Bolognese und verwende diese im Laufe der folgenden Tage für ein anderes Gericht (z. B. eine Low-Carb-Kürbis-Lasagne oder zu etwas gekochtem Quinoa).

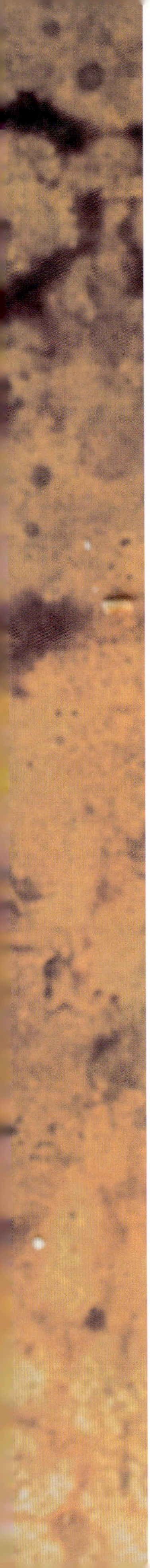

Grillgemüse-Quinoa-Salat

FÜR 2 PORTIONEN | ARBEITSZEIT: 30 MINUTEN | SCHWIERIGKEIT: LEICHT

FÜR DEN QUINOA:
80 g Quinoa
160 ml Gemüsebrühe

FÜR DAS GRILLGEMÜSE:
1 Zucchini
½ rote Paprika
½ gelbe Paprika
½ grüne Paprika
etwas Thymian
2 TL Salz
2 EL Olivenöl

FÜR DAS DRESSING
2 EL Haselnussmus
1 TL Zitronensaft
Abrieb ½ BIO-Zitrone
2 EL Olivenöl
1 TL Apfelessig
1 TL Salz
etwas Pfeffer

ALS TOPPING:
1–2 EL Haselnüsse, gehackt
etwas frischer Thymian

1. Den Quinoa in einem Sieb gründlich spülen und dann in einen Topf oder Reiskocher geben. Gemüsebrühe dazugeben und für 15 Minuten köcheln. Wenn du einen Topf verwendest, immer wieder umrühren. Danach den Deckel schließen und den Quinoa durchziehen lassen.

2. Währenddessen das Grillgemüse zubereiten. Dazu den Grill vorheizen, das Gemüse waschen und in die gewünschte Größe schneiden. In einer Schüssel mit Olivenöl, Salz und Thymian marinieren.

3. Das Gemüse dann auf einer Grillmatte oder einem Grillkorb auf dem heißen Grill verteilen. Bei hoher Hitze auf beiden Seiten goldbraun grillen, danach zurück in die Schüssel geben. Du kannst das Gemüse auch in einer Pfanne oder im Backofen zubereiten.

4. Zum Schluss das Dressing herstellen. Dazu alle genannten Zutaten in ein Schälchen geben und kräftig umrühren, bis eine homogene Masse entstanden ist. Wenn es noch zu dickflüssig ist, etwas mehr Öl dazugeben.

5. Vor dem Servieren den Quinoa zum Gemüse in die Schüssel geben, gut unterheben und dann alles auf zwei Teller verteilen. Mit reichlich Nuss-Dressing, gehackten Haselnüssen und frischem Thymian garnieren.

MEAL PREP TIPP: Dieser Salat eignet sich hervorragend für unterwegs. Da er vegan ist, kann er auch ungekühlt über mehrere Stunden transportiert werden. Eine Lagerung im Kühlschrank für gut eine Woche ist ebenfalls möglich.

Gefüllte Paprika mit Linsen

FÜR 2 PORTIONEN | ARBEITSZEIT: 30 MINUTEN | SCHWIERIGKEIT: LEICHT

120 g Linsen
100 g Lauch
2 Knoblauchzehen
2 Karotten
1 TL Kreuzkümmel, ganz
1 EL Thymian
200 ml Kokosmilch
100 ml Gemüsebrühe
1 TL Salz
1 EL Kokosöl
4 EL Olivenöl
2 große Paprika

1. Wasche die Linsen gründlich in einem Sieb mit kaltem Wasser. Lauch und Knoblauchzehen fein hacken und in reichlich Kokosöl in einem Topf oder Wok glasig dünsten. Kreuzkümmel und Thymian ebenfalls mitbraten.
2. Die Karotten waschen, in Würfel schneiden und dann ebenfalls in den Topf geben. Für 3 bis 4 Minuten braten. Tipp: Heize nun den Backofen auf 200 °C Unter- & Oberhitze vor.
3. Gib nun die Linsen dazu und gieße sie mit Kokosmilch und Gemüsebrühe (am besten selbst gemacht) auf. Salzen und pfeffern und die Linsen dann für 10 Minuten bissfest garen.
4. Währenddessen 2 große Paprika (Farbe egal) der Länge nach halbieren und den Strunk entfernen. Waschen und dann mit der Öffnung nach oben in eine Auflaufform legen. Mit 2 EL Olivenöl beträufeln und salzen.
5. Fülle die Linsen nun in die Paprikahälften und beträufle sie mit dem restlichen Olivenöl. Gib die Auflaufform nun in den heißen Ofen und backe die vegan gefüllten Paprika mit Linsen für 20 bis 30 Minuten, bis die Paprika weich sind.
6. Mit einem großen Salat anrichten und genießen.

MEAL PREP TIPP: Die Paprika lassen sich hervorragend für mehrere Tage im Kühlschrank lagern und auch einfrieren.

Israelischer Kichererbsen-Salat

FÜR 2–3 PORTIONEN | ARBEITSZEIT: 30 MINUTEN | SCHWIERIGKEIT: LEICHT

FÜR DIE GERÖSTETEN KICHERERBSEN:
200 g Kichererbsen, gekocht
2 EL Kokosöl
1 TL Salz
1 TL Paprikapulver

FÜR DEN SALAT:
1 Salatgurke
2 Paprika, rot
1 Zwiebel

FÜR DAS KRÄUTERPESTO:
1 Bund Kräuter deiner Wahl (z. B. Koriander, Petersilie, Basilikum o. Ä.)
2 Knoblauchzehen
1 TL Salz
3 EL Olivenöl
3 EL Pinienkerne

1. Die gekochten und abgetropften Kichererbsen in einem Wok in reichlich Kokosöl anrösten. Zum Schluss Salz und Paprikapulver dazugeben und noch einmal kurz rösten, dann auf etwas Küchenrolle abtropfen lassen.
2. Währenddessen das Kräuterpesto zubereiten. Dazu die Kräuter deiner Wahl waschen, trocknen und samt den geschälten Knoblauchzehen, Salz, Olivenöl und Pinienkernen in einen Zerkleinerer geben. Zu einem Pesto verarbeiten und zur Seite stellen.
3. Für den Salat nun die Gurke der Länge nach halbieren und das Kerngehäuse mit einem Teelöffel herauskratzen. Den Rest in Würfel schneiden. Die Paprika und Zwiebel ebenfalls würfeln.
4. Das Gemüse und die gerösteten Kichererbsen in eine Schüssel geben. Reichlich Pesto darübergeben und gut vermengen.
5. Genieße den Salat sofort oder lasse ihn ein paar Stunden im Kühlschrank durchziehen. Auch für unterwegs lässt sich der Salat hervorragend einpacken. Gib ihn dazu einfach in eine auslaufsichere Dose oder ein Schraubglas.

MEAL PREP TIPP: Bereite die doppelte Menge an Kichererbsen zu. Diese sind ein hervorragender Snack für unterwegs. Auch vom Pesto kannst du eine größere Menge zubereiten und den Rest in einem Einmachglas im Kühlschrank für 2 bis 3 Wochen aufbewahren.

Koch mit Herz

Vegetarische Low-Carb-Hauptspeisen

Brokkoli-Käse-Laibchen

FÜR 4–6 LAIBCHEN | ARBEITSZEIT: 30 MINUTEN | SCHWIERIGKEIT: LEICHT

FÜR DIE LAIBCHEN:
150 g Brokkoli
2 Eier (L)
50 g Erdnüsse, geröstet
50 g Butter, weich
50 g pikanter Käse, gerieben
½ TL Flohsamenschalen, gemahlen
1 TL Salz
etwas Kümmel
etwas Muskatnuss
etwas Pfeffer
etwas Petersilie, gehackt
1 EL Kokosöl oder Butterschmalz

FÜR DIE SAUCE:
ca. 2 EL Wasser, kochend
4 EL Mandelmus, zuckerfrei
1 TL Zitronensaft
Abrieb ½ Zitrone
½ TL Salz
etwas Muskatnuss

1. Wasch den Brokkoli und zerkleinere ihn in einer Küchenmaschine zu einem feinen Reis. Gib den Brokkoli-Reis in eine Schüssel und füge die Eier hinzu. Beides gut verrühren.
2. Zerkleinere die Erdnüsse und reibe den Käse. Gib dann Erdnüsse, Käse, weiche Butter, Flohsamenschalen sowie alle Gewürze und Kräuter deiner Wahl zum Brokkoli in die Schüssel und rühre so lange um, bis sich alles gut vermengt hat.
3. Feuchte deine Hände an und forme aus dem Teig Laibchen. Erhitze dann das gewählte Fett in einer großen, beschichteten Pfanne. Brate alle Laibchen darin auf beiden Seiten ca. 3 bis 4 Minuten goldbraun an.
4. Währenddessen etwas Wasser im Wasserkocher erhitzen. Mandelmus, Zitronensaft, Zitronenabrieb und Gewürze in eine Schale geben und das kochende Wasser nach und nach dazugeben, während du mit einem Löffel kräftig rührst. Sobald die Konsistenz nach deinem Geschmack ist, mit der Wasserzugabe stoppen.
5. Die fertig gebratenen Laibchen auf den Tellern verteilen und mit Mandel-Zitronen-Sauce beträufeln. Sehr gut dazu passt auch ein grüner Salat.

MEAL PREP TIPP: Sowohl die Laibchen als auch die Sauce lassen sich hervorragend für ca. 1 Woche im Kühlschrank aufbewahren. Du kannst die Laibchen auch als Beilage zu einem Stück Fleisch oder Fisch genießen.

Hasselback-Zucchini

FÜR 2 PORTIONEN | ARBEITSZEIT: 15 MINUTEN | SCHWIERIGKEIT: LEICHT

4 Zucchini
6 EL Olivenöl
1 EL Salz
2 EL Thymian
150–200 g Mozzarella

1. Schneide die gewaschenen Zucchini mit einem scharfen Messer quer ein, sodass alle 0,5 cm ein Schnitt ist. Lege sie dann in eine Auflaufform und heize den Backofen auf 200 °C Unter- & Oberhitze vor.
2. Schneide den Mozzarella in Scheiben und stecke diese in so viele Fächer wie möglich (es wird nicht bei jedem klappen). Alternativ zu Mozzarella kannst du auch jeden beliebigen Hartkäse oder Feta verwenden.
3. Vermenge das Olivenöl mit Salz und Thymian in einem Schälchen und verteile das Öl dann auf den Zucchini. Backe die Hasselback-Zucchini dann für ca. 30 bis 40 Minuten bei 200 °C, bis sie goldbraun sind.
4. Danach aus dem Ofen nehmen und direkt genießen. Am besten passt ein großer Salat dazu.

MEAL PREP TIPP: Die Zucchini lassen sich fertig gebacken hervorragend für mehrere Tage im Kühlschrank lagern. Einfach vor dem Verzehr noch einmal kurz im Ofen erhitzen.

Süßkartoffel-Spaghetti-Carbonara

FÜR 2 PORTIONEN | ARBEITSZEIT: 30 MINUTEN | SCHWIERIGKEIT: LEICHT

400 g Karotten-Nudeln
400 g Süßkartoffel-Nudeln
3 Eier (M)
250 ml Sahne
150 g gehackte Pilze
2–3 Knoblauchzehen
1 TL Salz
etwas Pfeffer
3 EL Butterschmalz
Frische Kräuter & Kresse

1. Die Süßkartoffeln und Karotten zu Nudeln „spitzen". Reichlich Butterschmalz in einer Pfanne erhitzen und beide bei hoher Hitze bissfest braten. Danach salzen und pfeffern.
2. Schneide nun die Pilze (vegane Variante zu Speck) in Würfel und hacke den Knoblauch fein. Brate beides bei mittlerer Hitze in einer separaten Pfanne mit etwas Butter an. Gib Pilze und Knoblauch dann zu den Gemüsenudeln und rühre alles kräftig durch.
3. Verquirle Eier, Sahne, Salz & Pfeffer in einer Schüssel und gieß die Flüssigkeit über die Gemüsenudeln. Für 3 bis 4 Minuten unter ständigem Rühren weiter braten, danach mit Salz und Pfeffer abschmecken und den Herd abdrehen.
4. Zum Anrichten mit frischen Kräutern und Kresse garnieren.

MEAL PREP TIPP: „Spitze" gerne mehr Nudeln aus Karotten und Süßkartoffeln. Lagere diese roh im Kühlschrank. So kannst du im Laufe der folgenden Woche andere Gerichte damit zubereiten.

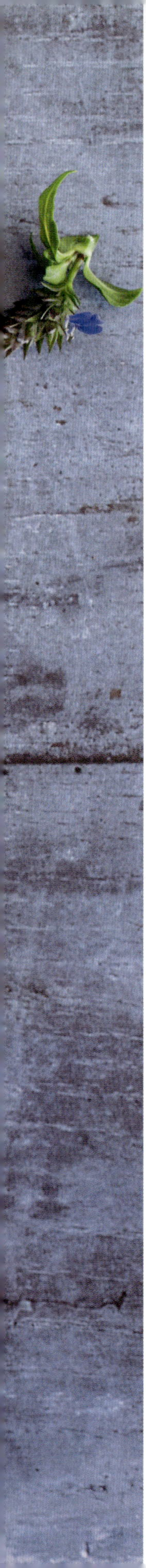

Schwammerl-„Risotto“

FÜR 2 PORTIONEN | ARBEITSZEIT: 30 MINUTEN | SCHWIERIGKEIT: LEICHT

½ Kopf Karfiol
250 g Schwammerl deiner Wahl (Eierschwammerl, Steinpilze, Champignons etc.)
3 Frühlingszwiebeln
2 Knoblauchzehen
250 g Parmesan, gerieben
100 ml Weißwein
1 Bund Thymian
1 TL Kümmel, ganz
2 TL Salz
etwas Pfeffer
2 EL Butterschmalz

1. Wasch den Karfiol und schneide ihn in kleine Stücke. Diese in einer Küchenmaschine klein hacken, bis der Karfiol eine reisähnliche Größe angenommen hat. Achte darauf, dass es kein Brei wird.
2. Den Käse ebenfalls in einer Küchenmaschine oder per Hand reiben. Knoblauch und Frühlingszwiebeln fein hacken. Die Schwammerl deiner Wahl putzen (nicht waschen) und grob schneiden.
3. Erhitze das Butterschmalz in einer großen Pfanne oder einem Wok. Kümmel, Thymian, Frühlingszwiebeln und Knoblauch dazugeben und kurz rösten. Dann direkt den Karfiol-„Reis“ dazugeben und alles gemeinsam bei hoher Hitze braten.
4. Dabei nicht zu oft umrühren, damit sich die Röstaromen entfalten können. Nach weiteren 3 bis 4 Minuten das Low-Carb-Risotto mit einem Schuss Weißwein ablöschen, dann salzen und pfeffern.
5. In einer separaten Pfanne die Schwammerl in reichlich Butterschmalz scharf anbraten, dann zum Risotto geben und die Hitze reduzieren.
6. Nun kannst du den geriebenen Käse unterheben. So lange rühren, bis dieser geschmolzen ist.
7. Das Risotto zum Schluss noch einmal mit Salz und Pfeffer abschmecken. Verteile es auf zwei Tellern und garniere es mit frischen Kräutern (z. B. Pilzkraut).

MEAL PREP TIPP: Zerkleinere den gesamten Karfiol-Kopf und verwende den restlichen Karfiol-Reis für ein anderes Gericht, zum Beispiel für den gebratenen Karfiol-Reis (Seite 96) oder für das gesunde Risi-Bisi (Seite 50).

Kalte Hirse-Wraps

FÜR 2 WRAPS | ARBEITSZEIT: 30 MINUTEN | SCHWIERIGKEIT: MITTEL

FÜR DIE WRAPS:

2 Eier (L)
30 ml Olivenöl
50 g Hirse, gekocht
30 g Hanfsamen
2 TL Flohsamenschalen
1 TL Salz
½ TL Kreuzkümmel, gemahlen
1 TL Kurkuma
1 EL Butterschmalz

FÜR DAS PESTO:

30 g frische Kräuter deiner Wahl (z. B. Petersilie, Koriander o. Ä.)
40 g Walnüsse oder Pinienkerne
40 ml Olivenöl
40 g Parmesan oder Bergkäse
1 TL Salz, 1 TL gemahlenen Kreuzkümmel, etwas Pfeffer

FÜR DIE FÜLLUNG:

6 Streifen Gurke o. Ä.
6 Streifen Paprika o. Ä.

1. Vorab die Hirse in der dreifachen Menge Flüssigkeit (z. B. Wasser, Gemüsebrühe, Milch oder Sahne) für 20 Minuten weich kochen. Alternativ hast du auch etwas gekochte Hirse vom Vortag im Kühlschrank.

2. Für die Wraps die Eier mit dem Olivenöl aufschlagen, bis sie Bläschen bilden. Hirse, Hanfsamen, Flohsamenschalen und Gewürze dazugeben und erneut mixen. Lass den Teig nun für 5 Minuten durchziehen.

3. Währenddessen das Pesto zubereiten. Verwende frische Kräuter, die du gerade zu Hause oder im Garten hast. Gerne kann es auch eine Mischung sein, Hauptsache es schmeckt dir. Die gewaschenen Kräuter mit den restlichen Zutaten in einen Mixer geben oder mit einem Pürierstab zu einem Pesto verarbeiten. Mit Salz und Pfeffer abschmecken.

4. Für die Füllung das Gemüse deiner Wahl (was gerade im Kühlschrank ist) waschen, wenn nötig schälen und in Streifen schneiden. Ich verwende am liebsten Gurke (hier die wässrigen Kerne rausschneiden) oder Zucchini und Paprika. Auch gut ist Karotte, Kohlrabi, Spinat, Spargel, gekochte Rote Bete oder gebratener Kürbis. Auch Obst kannst du dazugeben. Zu Roter Bete passt z. B. etwas Apfel oder Birne. Einzig zu wässriges Gemüse wie Tomaten eignet sich nicht, da es über Nacht (wenn du den Wrap für den nächsten Tag vorbereitest) zu viel Wasser abgibt.

5. Erhitze etwas Butterschmalz in einer beschichteten Pfanne auf mittlerer Hitze. Gieße die Hälfte des Teiges ein und verstreiche ihn mit einer Spachtel so dünn wie möglich. Gib einen Deckel auf die Pfanne und brate den Wrap für 2 bis 3 Minuten auf der ersten Seite. Sobald sich dieser vom Boden löst und etwas Farbe angenommen hat, kannst du ihn wenden und auch die zweite Seite gleich braten. Wiederhole diesen Vorgang mit dem restlichen Teig.

6. Lege die beiden Wraps aufeinander auf ein sauberes, angefeuchtetes Geschirrtuch. Rolle sie gemeinsam ein, sodass sie vorgeformt auskühlen (ähnlich wie bei einer Biskuit-Rolle). Nach ein paar Minuten kannst du sie wieder aufrollen, das Pesto und Gemüse darin verteilen und wieder einrollen.

MEAL PREP TIPP: Die Wraps lassen sich für 2 Tage in einer Dose im Kühlschrank lagern. Sie können kurz im Ofen oder in der Mikrowelle erhitzt werden oder unterwegs/im Büro kalt gegessen werden.

Gesunder Kaspress-Spinat-Knödel

FÜR CA. 8 KNÖDEL | ARBEITSZEIT: 30 MINUTEN | SCHWIERIGKEIT: MITTEL

100 ml Milch
20 ml Sahne
100 g Graukäse
150 g altes Low-Carb-Brot oder Brötchen (Seite 16)
50 g Bergkäse, gerieben
1 TL Flohsamenschalen, gemahlen
2 Eier (M)
1 TL Salz
1 EL Petersilie, gehackt
1 Handvoll frischen Spinat oder Bärlauch
1 EL Butterschmalz
2 EL Butter

1. Erhitze die Milch samt Sahne und 50 g Graukäse in der Mikrowelle oder in einem Topf, bis der Käse geschmolzen ist. Hacke währenddessen das alte Brot fein und gib es in eine Schüssel.
2. Übergieße die Brotwürfel mit der heißen Milch-Sahne-Käse-Mischung und rühre durch. Lasse das Brot für ca. 5 Minuten aufweichen.
3. Zerbrösle dann den restlichen Graukäse und gib auch diesen, außerdem den geriebenen Bergkäse, Flohsamenschalen, Eier, Salz und Petersilie dazu und rühre kräftig durch, bis sich alles gut verbunden hat.
4. Optional den frischen Spinat waschen, trocknen und fein hacken. Dann ebenfalls unter den Teig mischen. Du kannst den Spinat auch durch Bärlauch ersetzen oder komplett darauf verzichten. Lass den Teig zum Schluss noch einmal 5 bis 10 Minuten durchziehen.
5. Feuchte deine Hände an und forme Knödel aus dem Teig. Die Knödel in einem Schnellkochtopf (für ca. 5 Minuten), im Dampfgarer (ca. 15 Minuten) oder in wallendem Salzwasser (ca. 10 Minuten – bis sie oben schwimmen) garen. Abschöpfen und kurz abkühlen lassen.
6. Erhitze reichlich Butterschmalz in einer beschichteten Pfanne. Lege die Knödel in die Pfanne und presse sie flach. Brate sie auf beiden Seiten goldbraun (ca. 2 bis 3 Minuten pro Seite). Zum Schluss noch etwas Butter in die Pfanne geben, den Herd abdrehen und etwas schwenken.
7. Die Kaspressknödel auf den Tellern verteilen und die restliche Butter in der Pfanne darübergießen. Mit etwas Salat oder Babyspinat genießen.

MEAL PREP TIPP: Du kannst die Knödel sowohl roh (bereits geformt) als auch gebraten für mehrere Tage im Kühlschrank lagern und auch einfrieren.

Tiroler Kürbis-Gröstl mit Spiegelei

FÜR 2 PORTIONEN | ARBEITSZEIT: 15 MINUTEN | SCHWIERIGKEIT: LEICHT

400 g Hokkaido-Kürbis
1 große Zwiebel
1 TL Kümmel
1–2 TL Salz
1 Schuss Weißwein
2 Eier
2 EL Petersilie
2 TL Schnittlauch
3 EL Kürbiskerne
2 EL Butterschmalz

1. Wasche den Hokkaido-Kürbis und halbiere ihn (schälen ist bei dieser Sorte nicht notwendig). Entferne die Kerne mit einem Löffel und schneide die Hälften dann in ca. 1 cm dicke Scheiben. Diese Scheiben dritteln oder vierteln.
2. Die Zwiebel schälen und grob hacken. Reichlich Butterschmalz in einer großen Pfanne oder einem Wok erhitzen. Nun Zwiebeln, Kürbis und Kümmel bei hoher Hitze goldbraun anbraten. Währenddessen Petersilie und Schnittlauch fein hacken.
3. Salze jetzt das Gemüse und lösche es dann mit einem Schuss Weißwein ab. Weiter braten, bis die Flüssigkeit verdampft ist und der Kürbis die gewünschte Konsistenz erreicht hat. Nun die gehackte Petersilie und die Kürbiskerne unterheben.
4. Schiebe den Kürbis dann an den Rand der Pfanne und schlage zwei Eier in der Mitte zu Spiegeleiern auf. Diese bei mittlerer Hitze braten, bis das Eiweiß gestockt ist.
5. Verteile nun das Kürbis-Gröstl auf zwei Tellern und platziere je ein Spiegelei darauf. Mit Schnittlauch und etwas mehr Salz garnieren und direkt genießen.

MEAL PREP TIPP: Das Kürbis-Gröstl ohne Spiegelei lässt sich bis zu einer Woche im Kühlschrank lagern und auch einfrieren.

Kohlrabi-Schnitzel

FÜR 2 PORTIONEN | ARBEITSZEIT: 30 MINUTEN | SCHWIERIGKEIT: MITTEL

FÜR DIE KOHLRABI-SCHNITZEL:

1–2 Kohlrabi (je nach Größe)
1 Ei
etwas Salz
4 EL Nüsse, gemahlen
4 EL Käse, fein geraspelt

FÜR DIE GERÖSTETEN KOHLSPROSSEN:

400 g Kohlsprossen
4 EL Olivenöl
2 EL Balsamico-Essig
1 TL Salz
etwas Thymian

FÜR DEN DIP:

5 EL Sauerrahm
2 EL Schnittlauch, fein gehackt
1 TL Salz, etwas Pfeffer

1. Heize den Backofen auf 220 °C Unter- & Oberhitze vor.
2. Den Sprossenkohl waschen, den Strunk abschneiden und halbieren. In reichlich Salzwasser oder einem Schnellkochtopf bissfest garen. Danach abseihen und in eine Auflaufform geben.
3. Mariniere den Sprossenkohl nun mit Olivenöl, Essig, Salz und Thymian und backe ihn dann für ca. 15 Minuten im Ofen, bis er goldbraun ist.
4. Währenddessen für die Schnitzel den Kohlrabi schälen und in ca. 0,5 cm dicke Scheiben schneiden. Das Ei in einem Suppenteller mit Salz verquirlen. Die gemahlenen Nüsse und den fein geriebenen Käse in einem weiteren Suppenteller vermengen.
5. Den Kohlrabi zuerst durch das Ei ziehen und dann in der Nuss-Käse-Mischung wälzen. Die Panade gut andrücken und die Kohlrabi-Schnitzel auf einem Backblech verteilen. Backe diese nun bei 220 °C für ca. 15 Minuten, bis sie ebenfalls goldbraun sind.
6. In der Zwischenzeit den Dip vorbereiten. Dazu den Schnittlauch fein hacken und mit Salz und Pfeffer in Sauerrahm einrühren.
7. Zum Schluss die Kohlrabi-Schnitzel mit Kohlsprossen auf den Tellern verteilen und den Sauerrahm-Dip dazu reichen.

MEAL PREP TIPP: Bereite die doppelte Menge an Kohlsprossen zu und verwende die im Laufe einer Woche als Beilage zu anderen Gerichten oder für die herbstliche Buddha-Bowl (Seite 48).

Knuspriges Omelett mit Roter Bete

FÜR 4 PORTIONEN | ARBEITSZEIT: 30 MINUTEN | SCHWIERIGKEIT: LEICHT

FÜR DAS KNUSPRIGE OMELETT:

3 Eier (M)
50 g Leinsamen, geschrotet
50 g Haferflocken, geschrotet
3 EL Wasser, kochend
1 TL Salz
1 TL Paprikapulver
etwas Pfeffer
2 EL Butter

FÜR DAS TOPPING:

500 g Rote Bete, gekocht & gewürfelt
2 EL Kokosblütenzucker
1 TL Rosmarin, fein gehackt
1 TL Kümmel
200 g Ziegenfrischkäse
1 EL Butter
etwas Salz

1. Für das knusprige Omelett alle genannten Zutaten in eine Schüssel geben und so lange umrühren, bis sich alles gut vermischt hat. Einen EL Butter in einer großen, beschichteten Pfanne bei mittlerer Hitze zerlassen.
2. Schütte die Hälfte des Teiges in die Pfanne und decke sie ab. Nach 2 bis 3 Minuten nachsehen, ob das Omelett bereits gestockt ist und man es umdrehen kann, ansonsten 1 bis 2 weitere Minuten braten und dann wenden. Auch die zweite Seite goldbraun braten, dann aus der Pfanne nehmen und warm stellen.
3. Den zweiten EL Butter in der Pfanne zerlassen und die Hitze noch etwas reduzieren. Den restlichen Teig wie im vorherigen Schritt goldbraun auf beiden Seiten braten. Auch dieses Omelett aus der Pfanne nehmen und warm stellen.
4. Für das Topping nun erneut einen EL Butter in derselben Pfanne zerlassen und die vorgekochte und gewürfelte Rote Bete darin schwenken. Salz, Kümmel, Rosmarin und Kokosblütenzucker darüber verteilen und 2 bis 3 Minuten bei hoher Hitze braten, bis der Kokosblütenzucker karamellisiert.
5. Die Omeletts nun halbieren und auf 4 Teller legen. Die karamellisierte Rote Bete auf diesen verteilen und mit zerbröseltem Ziegenfrischkäse garnieren.

MEAL PREP TIPP: Die Omeletts lassen sich auch gut am Vorabend vorbereiten. Lagere diese dann einfach fertig gebraten im Kühlschrank und erwärme sie vor dem Verzehr noch einmal kurz in der Pfanne oder im Backofen.

Halloumi-Portobello-Burger

FÜR 2 PORTIONEN | ARBEITSZEIT: 30 MINUTEN | SCHWIERIGKEIT: LEICHT

FÜR DIE KRÄUTER-AIOLI:
1 Knoblauchzehe
1 Bund frische Kräuter
(Petersilie, Basilikum etc.)
1 Eigelb (L)
1 TL Zitronensaft
100 ml Olivenöl
1 TL Salz
etwas Pfeffer

FÜR DEN BURGER:
4 Portobello-Pilze
200 g Halloumi
1 EL Olivenöl
1 TL Currypulver
1 TL Salz
1 EL Thymian
1 Handvoll Rucola
2 Tomaten

1. Für die Kräuter-Aioli den Knoblauch grob hacken und die gewaschenen Kräuter fein hacken. Eigelb, Knoblauch, Zitronensaft und Salz in einen Messbecher geben und alles mit einem Pürierstab zerkleinern.
2. Das Olivenöl nach und nach dazugießen, während du mit dem Pürierstab weiter mixt und diesen auch langsam nach oben ziehst. So lange mixen, bis eine cremige Konsistenz entstanden ist. Dann in einer Schale kühl stellen.
3. Heize dann den Grill auf höchster Stufe vor. Die Portobello-Pilze, wenn nötig, putzen (nicht waschen) und den Halloumi abgießen. Schneide diesen dann in 2 Scheiben.
4. Mariniere den Halloumi auf beiden Seiten mit Olivenöl, Curry, Salz und Thymian. Platziere nun die Portobello-Pilze sowie die Halloumi-Scheiben auf deinem Grill über direkter Hitze. Schließe den Grilldeckel. Eine Zubereitung in der Pfanne ist ebenfalls möglich..
5. Brate nun Pilze und Halloumi für 4 bis 5 Minuten auf der ersten und für weitere 3 bis 4 Minuten auf der zweiten Seite. Je nach Größe und Dicke der Pilze, benötigen diese eventuell etwas länger. Dann einfach den Brenner unter den Halloumi-Scheiben ausschalten, während du die Pilze fertig grillst.
6. Währenddessen den Rucola waschen und die Tomaten in Scheiben schneiden. Sobald die Pilze fertig gegrillt sind, den Stiel abschneiden und jeweils einen Pilz mit der Öffnung nach oben auf die Teller legen.
7. Verteile etwas Rucola auf den Portobello-Pilzen, drapiere dann die Halloumi-Scheibe darauf und belege diese mit ein paar Tomatenscheiben. Mit reichlich Kräuter-Aioli bestreichen und unseren Low-Carb-Burger mit dem zweiten Portobello abschließen.

Gesunde Schupfnudeln

FÜR 2 PORTIONEN | ARBEITSZEIT: 30 MINUTEN | SCHWIERIGKEIT: MITTEL

150 g gekochte Kartoffeln
150 g gekochter Karfiol
30 g Leinsamenmehl
20 g Flohsamenschalen, gemahlen
1–2 TL Salz
1 Ei (L)
etwas Muskatnuss
Leinsamenmehl zum Ausrollen
2 EL Butterschmalz
4 EL Butter
1 EL Petersilie, gehackt

1. Ich verwende für dieses Rezept immer bereits gekochte Kartoffeln von den Tagen davor. Dadurch kannst du von der resistenten Stärke profitieren (siehe Einleitung) und sparst dir Zeit. Auch den Karfiol kannst du bereits am Vortag weich kochen, oder dann kurz vor der Zubereitung der Schupfnudeln.
2. Die gekochten und geschälten Kartoffeln und den gekochten Karfiol in eine Schüssel geben und mit einem Kartoffelstampfer zu einem Püree verarbeiten. Dann die restlichen Zutaten dazugeben und mit einer Spachtel so lange vermengen, bis sich ein Teigball gebildet hat.
3. Bestreue die Arbeitsfläche mit etwas mehr Leinsamenmehl (oder Kartoffelfasern). Kleine Stücke vom Teigball abreißen und daraus auf der Arbeitsfläche Schupfnudeln formen. Das Leinsamenmehl hilft, dass der Teig nicht zu sehr klebt. Feuchte auch die Hände leicht an.
4. Bringe reichlich Salzwasser in einem Topf zum Wallen (nicht Kochen). Die Schupfnudeln dann vorsichtig im wallenden Wasser für 5 bis 7 Minuten, je nach Größe, garen. Danach vorsichtig abschöpfen und auf Küchenpapier abtropfen lassen.
5. Reichlich Butterschmalz in einer Pfanne erhitzen und die Schupfnudeln darin leicht anbraten. In einem kleinen Topf die Butter zerlassen und so lange auf mittlerer Hitze köcheln lassen (ca. 8 Minuten), bis diese leicht gebräunt ist. Dabei ständig mit dem Schneebesen rühren, damit sie nicht verbrennt.
6. Die Schupfnudeln auf den Tellern verteilen und mit reichlich Nussbutter übergießen. Mit frischer Petersilie garnieren und entweder als Beilage oder mit einem großen Salat genießen.

MEAL PREP TIPP: Du kannst die Schupfnudeln bereits gekocht auch mehrere Tage im Kühlschrank lagern und erst dann braten, wenn du sie essen willst. Auch Einfrieren ist kein Problem.

Koch mit Herz

Low-Carb-Hauptspeisen mit Fleisch und Fisch

Geschnetzeltes vom Schwein

FÜR 2 PORTIONEN | ARBEITSZEIT: 30 MINUTEN | SCHWIERIGKEIT: LEICHT

FÜR DEN KRAUTSALAT:
300 g Weißkraut
40 ml Apfelessig
40 ml Olivenöl
½–1 TL Salz
1 TL Kümmel
etwas Pfeffer
etwas Petersilie, gehackt

FÜR DAS GESCHNETZELTE:
250 g Schweinefilet
250 g Kräuterseitlinge oder Champignons
1 Zwiebel
2 Knoblauchzehen
½ TL Kümmel, ganz
1 Schuss Weißwein
1 TL Dijon-Senf, zuckerfrei
200 ml Sahne
1 TL Salz, etwas Pfeffer,
etwas Petersilie, gehackt
1 EL Butterschmalz

1. Am besten bereits am Vortag oder ein paar Stunden vor dem Essen den Krautsalat ansetzen. Dazu das Weißkraut fein hobeln und in eine Schüssel geben. Die restlichen Zutaten hinzugeben und kräftig mit den Händen kneten, bis das Kraut weich wird. In eine Glas- oder Edelstahl-Dose füllen und im Kühlschrank für mehrere Stunden ziehen lassen.

2. Zuerst das Schweinefilet in mundgerechte Stücke schneiden. Zwiebel und Knoblauch schälen und fein hacken. Kräuterseitlinge oder Champignons nicht waschen, sondern, wenn nötig, putzen und dann in Scheiben schneiden.

3. Reichlich Butterschmalz in einer großen Pfanne (ich empfehle einen Wok) erhitzen. Fleisch bei höchster Hitze auf beiden Seiten scharf anbraten, dann die Hitze leicht reduzieren und Zwiebeln, Knoblauch, Kümmel sowie Kräuterseitlinge dazugeben und ebenfalls goldbraun braten.

4. Mit einem Schuss hochwertigem Weißwein ablöschen und verdampfen lassen. Nun die Hitze stark reduzieren, Dijon-Senf und Sahne dazugeben und kräftig umrühren, sodass sich alles gut verbindet. Salzen und pfeffern und so lange einkochen lassen, bis die Sauce dickflüssig ist.

5. Zum Schluss die gehackte Petersilie untermischen. Reichlich Krautsalat auf den Tellern verteilen und das Geschnetzelte dazu anrichten.

MEAL PREP TIPP: Sowohl das Geschnetzelte als auch der Krautsalat lassen sich separat hervorragend in einer Dose im Kühlschrank über mehrere Tage lagern. Der Krautsalat ist nach ein paar Tagen sogar noch besser. Das Geschnetzelte kannst du auch einfrieren.

Hühnerfilet auf Herbstgemüse

FÜR 2 PORTIONEN | ARBEITSZEIT: 30 MINUTEN | SCHWIERIGKEIT: LEICHT

FÜR DAS HERBSTGEMÜSE:

100 g Kartoffeln
200 g Kohlsprossen/Sprossenkohl
200 g Karotten
1 große Zwiebel
2 Knoblauchzehen
1 Bund Thymian
4 EL Olivenöl
1 EL Soja-Sauce
2 TL Salz
2 TL Curry
1 TL Paprikapulver

FÜR DAS HÜHNERFILET:

2 Hühnerfilets mit Haut & Knochen
1 EL Olivenöl
1 TL Curry
½ TL Paprikapulver

1. Heize deinen Backofen auf 220 °C Unter- & Oberhitze vor. Das gesamte Gemüse waschen. Die Kartoffeln dann samt Schale relativ klein würfeln. Große Kohlsprossen halbieren, kleinere kannst du ganz lassen.
2. Karotten mit Schale in größere Stücke schneiden. Zwiebeln und Knoblauch schälen und klein schneiden. Die Thymian-Blättchen vom Stiel abziehen.
3. Gib das gesamte Gemüse in eine Auflaufform und mariniere es mit Thymian, Olivenöl, Soja-Sauce, Salz, Curry und Paprikapulver. Vermenge alles am besten mit deinen Händen und gib die Auflaufform dann in den Ofen.
4. Backe das Herbstgemüse bei 220 °C für 15 Minuten. Währenddessen das Fleisch mit Olivenöl, Curry und Paprika rundherum einreiben.
5. Nach 15 Minuten die Hühnerfilets auf das Ofengemüse legen, die Hitze auf 200 °C Unter- & Oberhitze reduzieren und alles gemeinsam weitere 15 bis 20 Minuten im Ofen backen.
6. Sobald das Fleisch gar ist und die Kartoffeln bissfest sind, kannst du die Auflaufform aus dem Ofen nehmen und Gemüse und Fleisch auf zwei Tellern verteilen.

MEAL PREP TIPP: Das Ofengemüse kannst du je nach Verfügbarkeit variieren. Bereite eine größere Menge zu und lagere den Rest für etwa maximal eine Woche im Kühlschrank. Es eignet sich immer als Beilage, aber auch als Hauptspeise mit etwas Käse oder Nüssen. Auch vom Fleisch kannst du mehr vorbereiten und den Rest im Kühlschrank lagern.

Zucchini-Hühner-Curry

FÜR 2 PORTIONEN | ARBEITSZEIT: 30 MINUTEN | SCHWIERIGKEIT: LEICHT

FÜR DIE PELLKARTOFFELN:
300 g Kartoffeln
1 TL Salz
2 EL frische Kräuter, gehackt

FÜR DAS CURRY:
2 Zucchini
400 g Hühnerfleisch
(z. B. ausgelöste Keule)
1 große Zwiebel
4 Knoblauchzehen
1 EL gehackter Ingwer
2 EL Kokosöl
1 EL Currypaste ohne Zucker
1 TL Kreuzkümmel, ganz
2 TL Senfkörner, ganz
1 TL Pfeffer, ganz
250 ml Kokosmilch
100 ml Gemüsebrühe
1 EL Currypulver
etwas Salz & Chili
3–4 EL frische Kräuter, gehackt

1. Die Pellkartoffeln am besten am Vortag vorbereiten. Gekochte und am nächsten Tag erwärmte Kartoffeln bilden resistente Stärke, die besonders gut für unsere Darmflora ist. Ebenso ist dadurch der verwertbare Kohlenhydratanteil der Kartoffeln geringer.

2. Wasche die Kartoffeln gründlich und koche sie samt Schale im Ganzen in Salzwasser je nach Größe 20 bis 30 Minuten, bis sie weich sind. Wenn vorhanden, empfehle ich, diese in einem Schnellkochtopf oder einem Dampfgarer weich zu kochen. Lagere sie über Nacht in einer Glas- oder Edelstahl-Dose im Kühlschrank.

3. Für das Curry, kurz bevor du essen willst, die Zucchini waschen und grob schneiden. Das Hühnerfleisch ebenfalls in grobe Stücke schneiden. Zwiebeln, Knoblauch und Ingwer fein hacken und reichlich Kokosöl in einem Topf oder Wok erhitzen. Currypaste und alle ganzen Gewürze ins heiße Öl geben und für ca. 2 Minuten rösten.

4. Dann Zucchini, Fleisch, Zwiebeln, Knoblauch und Ingwer dazugeben und bei hoher Hitze braten, sodass der Zucchini bissfest bleibt und Röstaromen entfalten kann. Rühre deshalb nicht ständig um. Sobald der Zucchini ausreichend geröstet ist, das Gemüse mit der Gemüsebrühe ablöschen, kurz aufkochen lassen, dann die Kokosmilch dazugeben und die Hitze auf mittlere Stufe reduzieren.

5. Gib nun auch alle gemahlenen Gewürze dazu und rühre gelegentlich um, während das Curry für weitere 10 bis 15 Minuten köchelt. Zum Schluss die frisch gehackten Kräuter unterheben. Den Deckel schließen und das Curry kurz ziehen lassen, während du die Beilage erwärmst.

6. Die Pellkartoffeln in der Mikrowelle, im Dampfgarer, Schnellkochtopf oder etwas Wasser erwärmen, dann schälen und auf zwei Tellern verteilen. Mit gehackten Kräutern garnieren. Dann reichlich das Zucchini-Hühner-Curry dazu anrichten.

7. Der Anteil Curry zu Kartoffeln sollte etwa 4:1/5:1 sein, das Curry sollte also deutlich überwiegen, damit das Gericht weiterhin low carb ist.

MEAL PREP TIPP: Sowohl Curry als auch gekochte Kartoffeln lassen sich hervorragend für mehrere Tage im Kühlschrank lagern und an den folgenden Tagen anders kombinieren. Auch das Einfrieren ist bei beidem möglich.

Lammrückenfilet auf Kartoffelpüree

FÜR 2 PORTIONEN | ARBEITSZEIT: 30 MINUTEN | SCHWIERIGKEIT: MITTEL

FÜR DEN LAMMRÜCKEN:
4 Stück Lammrückenfilet
2 EL Dijon-Senf
1 EL Rosmarin, gehackt
1 EL Lammgewürz deiner Wahl
2 EL Butterschmalz

FÜR DAS PÜREE:
300 g Kartoffeln
100 g Kohlrabi
100 g Butter
1–2 TL Salz
etwas Muskatnuss
etwas Pfeffer

FÜR DIE SENF-SAUCE:
50 ml Weißwein
10 ml Gemüsebrühe
2 EL Dijon-Senf
2 Knoblauchzehen
1 TL Salz
50 ml Sahne

1. Das Lamm am besten am Vortag marinieren. Reibe es dazu mit reichlich Dijon-Senf ein und bestreue es dann mit fein gehacktem Rosmarin und, wenn gewünscht, etwas Lammgewürz. Lagere es so über Nacht in einer luftdichten Glasdose im Kühlschrank.
2. Ebenfalls am Vortag solltest du die Kartoffeln kochen, um sie am nächsten Tag für das Püree verwenden zu können. Koche gerne eine größere Menge Kartoffeln und verwende sie in den nächsten Tagen auch noch für andere Gerichte.
3. Am selben Tag nun den Kohlrabi schälen, würfeln und für ein paar Minuten bissfest garen. Die Kartoffeln schälen, ebenfalls würfeln und die letzten 2 Minuten mit dem Kohlrabi garen, damit sie wieder warm sind.
4. Das Gemüse abseihen und durch eine Kartoffelpresse drücken. Reichlich Butter in einem Topf zerlassen und das Kartoffel-Kohlrabi-Püree sowie reichlich Salz, etwas Muskatnuss und Pfeffer dazugeben. Gut verrühren und dann die Hitze stark reduzieren.
5. Für das Lamm nun reichlich Butterschmalz in einer Pfanne erhitzen und die marinierten Filets auf beiden Seiten für 5 Minuten scharf anbraten (Garstufe „medium“). Wenn du das Lamm „well done“ möchtest, einfach länger braten. Danach die Filets aus der Pfanne nehmen und in Alufolie wickeln.
6. Den Bratenrückstand mit Weißwein ablöschen und dann etwas Brühe dazugeben. Senf, gepresste Knoblauchzehen und Salz einrühren und bei Bedarf pürieren. Die Sauce für ein paar Minuten einkochen lassen und zum Schluss einen Schuss Sahne unterrühren.
7. Das Püree auf zwei Tellern verteilen und die Lammrückenfilets daraufsetzen. Mit der Senf-Sauce übergießen und direkt genießen.

MEAL PREP TIPP: Bereite die doppelte Menge an Püree zu und verwende es im Laufe der folgenden Tage als Beilage zu anderen Gerichten.

Gebratener Karfiol-Reis mit Kalb

FÜR 2 PORTIONEN | ARBEITSZEIT: 30 MINUTEN | SCHWIERIGKEIT: LEICHT

2 Kalbsschnitzel
(alternativ: Hühnerfilet)
1 TL Paprikapulver
1 EL Curry
2 EL Butterschmalz

2 rote Spitzpaprika
2 Knoblauchzehen
300 g Karfiol-Reis
1 Schuss Soja-Sauce, glutenfrei
2 EL Butterschmalz
1 TL Salz, etwas Basilikum

1. Das Kalbfleisch in mundgerechte Stücke schneiden und in einer Schüssel mit Paprikapulver und Curry einmassieren. Paprika waschen und in kleine Würfel schneiden. Die Knoblauchzehen fein hacken.
2. Für den Karfiol-Reis den Karfiol samt Strunk grob schneiden und in einem Mixer so lange zerkleinern, bis er aussieht wie Reis. Achte darauf, nicht zu lange zu mixen, sonst wird der Karfiol zu Brei.
3. Das Butterschmalz (alternativ kannst du auch Kokosöl verwenden) in einer Pfanne auf höchster Stufe erhitzen und die Hühnerfilet-Stücke darin scharf auf beiden Seiten anbraten. Je kleiner die Stücke, desto kürzer solltest du sie braten.
4. Das Huhn aus der Pfanne nehmen und in einer Schüssel ablegen. Erneut Butterschmalz in derselben Pfanne zerlassen und die Paprika-Würfel darin anbraten. Nach 2 bis 3 Minuten den Knoblauch und Karfiol-Reis dazugeben und gut vermengen.
5. Nach weiteren 2 Minuten das Huhn dazugeben, salzen und mit einem Schuss Soja-Sauce ablöschen. Das fertige Gericht auf zwei Tellern verteilen und mit frischen Kräutern wie z. B. Basilikum garnieren.

MEAL PREP TIPP: Zerkleinere den gesamten Karfiol-Kopf und verwende den restlichen Karfiol-Reis für ein anderes Gericht, zum Beispiel das gesunde Risi-Bisi (Seite 50) oder für das Schwammerl-Risotto (Seite 70).

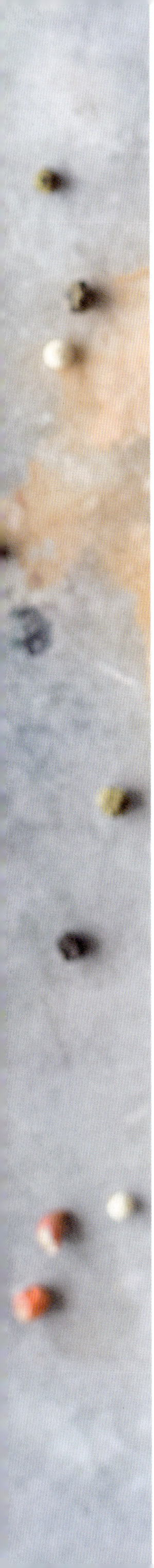

Chicken Wings vom Grill

FÜR 2 PORTIONEN | ARBEITSZEIT: 15 MINUTEN | SCHWIERIGKEIT: LEICHT

FÜR DIE ZUCKERFREIE BBQ-MARINADE:

2 EL Salz
2 EL Kokosblütenzucker
2 TL Paprikapulver
2 TL Knoblauchgranulat
2 TL Koriander, gemahlen
2 TL Rosmarin, getrocknet & gehackt
1 TL Kreuzkümmel, gemahlen

ca. 600 g Chicken Wings

FÜR DEN SAUERRAHM-KRÄUTER-DIP:

250 g Sauerrahm
2 Knoblauchzehen, gepresst
1 TL Salz
1 TL Dijon-Senf
2 EL fein gehackte Kräuter deiner Wahl
1 TL Abrieb einer BIO-Zitrone
1 TL Saft einer BIO-Zitrone

1. Beginne damit, die zuckerfreie BBQ-Marinade vorzubereiten. Dazu alle genannten Zutaten in einer Schüssel vermengen. Die Chicken Wings auf einen Teller legen und rundherum mit der Marinade einreiben.
2. Lasse die Marinade für mindestens 2 Stunden auf den Chicken Wings im Kühlschrank durchziehen, bevor du mit dem Grillen beginnst.
3. Währenddessen kannst du den Sauerrahm-Kräuter-Dip zubereiten. Dazu Kräuter deiner Wahl fein hacken, die Knoblauchzehen pressen und gemeinsam mit dem Sauerrahm, Salz, Dijon-Senf, Zitronenabrieb und Zitronensaft in einer Schüssel glatt rühren. Bis zum Essen im Kühlschrank ziehen lassen.
4. Nachdem die Trockenmarinade auf den Chicken Wings eingezogen ist, kannst du den Grill auf höchster Stufe vorheizen.
5. Wenn der Grill heiß ist, die Chicken Wings auf beiden Seiten 6 bis 7 Minuten auf mittlerer Hitze grillen. Alternativ kannst du die Chicken Wings auch im Backofen bei 200 °C Unter- & Oberhitze für ca. 20 bis 25 Minuten backen.

MEAL PREP TIPP: Die Chicken Wings kann man auch sehr gut kalt als Jause oder Abendessen mit etwas Senf und einem Low-Carb-Brötchen oder Knäckebrot genießen.

Gesunder Rösti-Burger mit Speck

FÜR 2 PORTIONEN | ARBEITSZEIT: 30 MINUTEN | SCHWIERIGKEIT: MITTEL

FÜR DIE RÖSTI:
150 g Kartoffeln oder Süßkartoffeln, geraspelt
150 g Karotten, geraspelt
2 Eigelb
2 Knoblauchzehen
1 TL Salz
1 TL Paprikapulver
1 EL Rosmarin, gehackt
1 TL Flohsamenschalen, gemahlen
1 EL Butterschmalz

FÜR DIE BEEF PATTIES:
400 g Faschiertes vom Rind
1 Zwiebel
1 TL Dijon-Senf
1 TL Senf
1 Ei (M)
1 TL Paprikapulver
1 TL Salz
1 EL Rosmarin, gehackt
1 EL Butterschmalz

FÜR DEN KRÄUTERTOPFEN:
200 g Speisetopfen
2–3 EL Kräuter deiner Wahl, gehackt
1 TL Salz, 1 TL Curry

SONSTIGE TOPPINGS:
100 g Speck
etwas Salat oder Spinat

1. Stelle zu Beginn die Rösti her. Die Kartoffeln (oder Süßkartoffeln) und Karotten fein reiben und mit allen genannten Zutaten in einer Schüssel vermengen. Den Teig zur Seite stellen. Für den Kräutertopfen die Kräuter fein hacken und mit Topfen und Gewürzen in einer Schüssel verrühren.
2. Im nächsten Schritt die Burger Patties vorbereiten. Dazu das Faschierte mit allen genannten Zutaten in einer Schüssel vermischen und gut durchkneten. Dann mit den Händen 2 bis 3 Patties formen (ca. 3 cm hoch) und auf einem Teller ablegen. Die Patties sollten in der Mitte etwas niedriger sein als am Rand. Drücke diese also am besten mit den Fingern etwas nieder.
3. Erhitze reichlich Butterschmalz in einer Pfanne und brate die Burger Patties auf beiden Seiten für ca. 5 Minuten goldbraun (je nach gewünschter Garstufe eventuell etwas länger). Lasse sie dann im warmen Ofen (ca. 50 °C) rasten.
4. Währenddessen auch die Rösti in derselben Pfanne, erneut in Butterschmalz, auf beiden Seiten ca. 5 Minuten goldbraun braten. Zugleich auch den Speck in dieser Pfanne knusprig braten.
5. Sobald alle Komponenten fertig gegrillt sind, kannst du den Burger anrichten. Beginne mit einem Rösti, bestreiche diesen mit etwas Kräutertopfen, lege ein Beef Patty darauf und garniere dieses mit knusprigem Speck und Salat. Beende den Burger mit einem weiteren Rösti.

MEAL PREP TIPP: Du kannst von allen Komponenten außer dem Speck eine größere Menge zubereiten und diese separat für 2 bis 3 Tage im Kühlschrank lagern.

WELL

Gesunde Fischstäbchen auf Salat

FÜR 2 PORTIONEN | ARBEITSZEIT: 30 MINUTEN | SCHWIERIGKEIT: MITTEL

FÜR DIE FISCHSTÄBCHEN
2 Lachsfilets
1 EL Dill, gehackt
2 Eier
1 TL Salz
4 EL Walnüsse, fein gemahlen
8 EL Sesam
4 EL Butterschmalz

FÜR DEN SALAT
4 Handvoll Vogerlsalat
4 EL Belugalinsen, gekocht (doppelte Menge Wasser für 20 bis 25 Minuten)

FÜR DAS DRESSING
2 Knoblauchzehen
6 EL Sauerrahm
1 TL Salz
1 TL Zitronensaft
2 EL Dill, gehackt

1. Am besten am Vortag die Belugalinsen waschen und dann für 20 bis 25 Minuten mit der doppelten Menge Wasser bissfest garen. Es bietet sich an, eine größere Menge zuzubereiten und den Rest an anderen Tagen für andere Gerichte zu verwenden.
2. Für die Fischstäbchen die Lachsfilets in längliche Würfel schneiden. Mit Dill würzen.
3. Die Eier in einem tiefen Teller oder einer Schale aufschlagen und gut mit Salz verquirlen. In einem weiteren Teller die fein gemahlenen Walnüsse (oder andere Nüsse) und den Sesam vermengen.
4. Die Lachs-Würfel zuerst durch das Ei ziehen und dann in der Walnuss-Sesam-Mischung wälzen. Auf einem Teller ablegen, bis alle Würfel paniert sind.
5. Bereite zwischendurch den Salat vor. Dazu den gewaschenen Vogerlsalat mit den gekochten Belugalinsen vom Vortag vermengen. Für das Dressing alle Zutaten in einen Messbecher geben und cremig pürieren. Dieses dann über den Salat gießen und vermengen.
6. Für die Fischstäbchen Butterschmalz in einer großen Pfanne erhitzen und diese für ca. 3 bis 4 Minuten pro Seite darin frittieren. Achte darauf, dass die Hitze nicht zu hoch ist und die Panade nicht zu dunkel wird, sonst schmeckt sie bitter.
7. Je nach Dicke der Würfel, kann der Fisch innen noch glasig bleiben. Wenn dies nicht gewünscht ist, einfach die Würfel vorab kleiner zuschneiden.
8. Die fertig gebratenen Fischstäbchen auf einem Küchenpapier abtropfen lassen, auf den zwei Salaten verteilen und dann direkt genießen.

Heringssalat mit Roter Bete

FÜR 2 PORTIONEN | ARBEITSZEIT: 15 MINUTEN | SCHWIERIGKEIT: LEICHT

150 g Hering, abgetropft
120 g Rote Bete, bissfest gekocht
100 g Essiggurken
1 kleine Zwiebel
1 EL Kokosblütenzucker
1–2 EL Essiggurken-Wasser
1 TL Salz
1 EL Dill, gehackt
etwas Pfeffer
etwas Kümmel
100 g Sauerrahm
Optional: gekochte Eier

1. Den Hering aus dem Glas nehmen und klein schneiden. Die gekochte Rote Bete (du kannst sie auch roh verwenden, wenn dir das besser schmeckt), die Essiggurke und die Zwiebel in gleich kleine Würfel schneiden. Alles in eine Schüssel geben.
2. Kokosblütenzucker, Essiggurken-Wasser, Salz, Pfeffer, Dill und etwas Kümmel dazugeben und gut umrühren. Zum Schluss den Sauerrahm unterheben. Wer mag, kocht noch 2 Eier hart und mischt diese aufgeschnitten unter den Salat.
3. Dieser gesunde Heringssalat mit Roter Bete eignet sich mit einem Stück Low-Carb-Brot ideal als Hauptspeise und kann auch sehr gut für unterwegs eingepackt werden.

MEAL PREP TIPP: Lasse den Salat am besten über Nacht im Kühlschrank ziehen, am nächsten/übernächsten Tag schmeckt er nämlich noch besser.

Goldbrasse vom Grill mit Zucchini

FÜR 2 PORTIONEN | ARBEITSZEIT: 30 MINUTEN | SCHWIERIGKEIT: LEICHT

FÜR DEN FISCH:
2 ganze frische Goldbrassen (ausgenommen)
2 Bund frische Kräuter deiner Wahl
4 Knoblauchzehen
reichlich Olivenöl
Salz & Pfeffer

FÜR DIE BEILAGE:
2–3 Kartoffeln, vorgekocht
2 Zucchini
2 EL Olivenöl
2 EL Petersilie, gehackt
Salz & Pfeffer
etwas Zitronensaft

1. Vorab die Kartoffeln – am besten in Salzwasser oder einem Schnellkochtopf – als Ganzes weich kochen. Gerne kannst du das auch bereits am Vortag erledigen oder Kartoffelreste vom Vortag verwenden.
2. Starte dann am Tag des Geschehens damit, die Goldbrassen gründlich mit kaltem Wasser zu waschen und trocken zu tupfen. Anschließend innen und außen mit Olivenöl bestreichen, salzen und mit Kräutern deiner Wahl füllen. Die Knoblauchzehen schälen, klein hacken und ebenfalls in den Fisch-Bauch geben.
3. Heize deinen Grill auf höchster Stufe für ca. 10 Minuten vor. Schneide währenddessen die gewaschenen Zucchini der Länge nach in Streifen und mariniere auch diese mit etwas Olivenöl und Salz. Die gekochten Kartoffeln ebenfalls herrichten.
4. Sobald der Grill heiß ist, kannst du die Goldbrassen direkt auf den Grillrost, im Grillkorb oder auf eine Grillmatte legen. Die Zucchini ebenfalls auf den Grill legen. Die gekochten Kartoffeln auf dem Warmhalte-Rost platzieren.
5. Schließe dann den Grilldeckel und stelle die Hitze auf mittlere Stufe, sodass sich die Temperatur im Grill auf ca. 220 °C einpendelt. Den Fisch und die Zucchini nach 5 bis 7 Minuten wenden und auch die Kartoffeln drehen.
6. Grille auch die zweite Seite auf direkter Flamme, bis der Fisch eine Kerntemperatur von 65 °C erreicht hat.
7. Den Brenner unter der Zucchini eventuell schon vorher abdrehen, sobald diese ausreichend gebraten ist. Lasse sie aber bis zur Fertigstellung des Fisches auf dem Grill liegen, damit sie warm bleibt.
8. Die Kartoffeln entweder direkt vor dem Servieren schälen oder mit Schale verzehren (je nach Sorte und Vorliebe). Mit gehackter Petersilie garnieren.
9. Sobald der Fisch fertig ist, den Grill abdrehen. Die Goldbrassen, Zucchini und Kartoffeln nun auf zwei Tellern verteilen und alles mit reichlich Olivenöl und Salz sowie etwas Zitronensaft und Pfeffer garnieren. Gehackte Petersilie darauf verteilen und genießen.

Spinat-Rolle mit Räucherlachsforelle

FÜR 2 PORTIONEN | ARBEITSZEIT: 15 MINUTEN | SCHWIERIGKEIT: LEICHT

FÜR DIE ROLLE:
200 g Spinat, blanchiert & ausgedrückt
2 Eier (M)
1 TL Salz
etwas Pfeffer

FÜR DIE FÜLLUNG:
50 g Sauerrahm
50 g Ziegenfrischkäse
1 TL Salz
1 TL Dill, gehackt
etwas Pfeffer
150 g Räucherlachsforelle

1. Heize das Backrohr auf 160 °C Umluft vor. Wasch den frischen Spinat und gib ihn in ein Sieb. Bring etwas Wasser zum Kochen und gieß es über den Spinat. Kurz abtropfen lassen und dann mit den Händen ausdrücken.
2. Wenn du Tiefkühlspinat verwendest, lasse diesen auftauen und drücke ihn dann ebenfalls aus.
3. 200 g vom blanchierten oder ausgedrückten Tiefkühlspinat in einen Messbecher geben und pürieren. Nun die Eier sowie etwas Salz und Pfeffer dazugeben und noch einmal pürieren.
4. Fette ein Backpapier ein und lege es auf ein Backblech. Gieße die Spinat-Eier-Masse auf dieses und streiche es gleichmäßig zu einem Rechteck aus, sodass es zwar so dünn wie möglich ist, aber keine Löcher entstehen.
5. Gib das Backblech nun für ca. 15 Minuten bei 160 °C Umluft in den Ofen, bis der Teig gestockt ist und sich leicht vom Backpapier lösen lässt. Sei dabei sehr vorsichtig und verwende – wenn nötig – eine Spachtel, um den Teig vom Backpapier zu lösen.
6. Während der Teig im Ofen ist, kannst du die Creme für die Füllung vorbereiten. Dazu Sauerrahm und Ziegenfrischkäse (du kannst auch normalen Frischkäse verwenden) samt Salz, Dill und Pfeffer in einer Schüssel glatt rühren.
7. Sobald der Teig etwas ausgekühlt ist, die Creme gleichmäßig darauf verteilen. Zum Schluss den geräucherten Fisch deiner Wahl (ich verwende gerne Räucherlachsforelle oder Räuchersaibling) auf der Creme auslegen.
8. Rolle den Teig nun ein und schneide ihn in so viele Portionen, wie du möchtest. Ich schneide die Rolle am liebsten in mundgerechte Stücke (wie Sushi-Rollen) und packe sie fürs gesunde Mittagessen im Büro ein oder serviere sie als besondere Vorspeise für Gäste.

MEAL PREP TIPP: Diese Rolle kannst du nach dem Fertigstellen in mundgerechte Stücke schneiden und für unterwegs in einer Dose einpacken. Sie lässt sich dann hervorragend mit den Händen essen.

Lachsfilet auf Zuckerschoten

FÜR 2 PORTIONEN | ARBEITSZEIT: 30 MINUTEN | SCHWIERIGKEIT: LEICHT

2 Lachsfilets
2 EL Olivenöl
Abrieb & Saft 1 BIO-Orange
4 Knoblauchzehen
etwas Kresse
1 EL Butterschmalz
1 TL Salz

FÜR DIE ZUCKERSCHOTEN:
500 g Zuckerschoten
Saft 1 Orange
1 EL Dill, gehackt
1 TL Salz
1 EL Butterschmalz

1. Nimm die Lachsfilets aus dem Kühlschrank und mariniere diese mit Olivenöl, Salz, Orangenabrieb und Orangensaft. Die Knoblauchzehen in feine Scheiben schneiden und auf dem Fisch verteilen. Lasse die Filets nun bei Zimmertemperatur für ca. 30 Minuten ziehen.

2. Wasche währenddessen die Zuckerschoten und hacke den Dill fein. Erhitze dann 1 EL Butterschmalz in einer Pfanne und brate die Zuckerschoten bei hoher Hitze auf beiden Seiten scharf an. Mit dem Saft 1 Orange ablöschen, salzen und mit etwas Dill verfeinern. Dann sofort vom Herd nehmen.

3. Erhitze erneut etwas Butterschmalz in einer Pfanne. Brate die Lachsfilets auf der Hautseite bei hoher Hitze für 5 Minuten an.

4. Wende die Filets, reduziere die Hitze etwas und brate sie auf der zweiten Seite für 3 bis 4 Minuten an. Gib zum Schluss auch die Knoblauchscheiben und die Zuckerschoten in die heiße Pfanne und brate diese für 2 bis 3 Minuten mit.

5. Zum Anrichten die Zuckerschoten auf zwei Tellern verteilen und je ein Lachsfilet daraufsetzen. Mit etwas Olivenöl und grobem Salz garnieren.

Koch mit Herz

Low-Carb-Nachspeisen

Zucchini-Mandel-Muffins

FÜR CA. 15–18 STÜCK | ARBEITSZEIT: 30 MINUTEN | SCHWIERIGKEIT: LEICHT

3 Eier (M)
100 g Erythrit
40 g Kokosblütenzucker
80 g Butter
50 g Mandelmus
120 g Speisetopfen
100 g Zucchini, gerieben
100 g Mandeln, gerieben
80 g Mandelmehl
1 TL Flohsamenschalen, gemahlen
2 TL Backpulver
1 TL Zimt
Abrieb ½ BIO-Zitrone

FÜR DIE SCHOKO-GLASUR:
100 g Zartbitterschokolade (min. 85 % Kakao)
1 TL Butter

1. Heize das Backrohr auf 180 °C Unter- & Oberhitze vor und schmelze die Butter samt dem Mandelmus darin.
2. Die Eier mit Erythrit und Kokosblütenzucker schaumig schlagen. Während du weiterrührst, nach und nach die flüssige Butter mit dem Mandelmus eingießen. Danach den Topfen dazugeben und erneut mixen.
3. Die Zucchini waschen und fein reiben. Diese dann in die Schüssel geben. Anschließend die geriebenen Mandeln, das Mandelmehl, die Flohsamenschalen, das Backpulver, Zimt und etwas Zitronenabrieb hinzufügen.
4. Alles gut vermengen und dann 15 bis 18 kleine Muffin-Förmchen (ich habe sehr kleine Förmchen verwendet, du kannst aber auch größere Formen verwenden) einfetten. Verteile den Teig gleichmäßig darin.
5. Backe Muffins für 35 Minuten bei 180 °C Unter- & Oberhitze. Nimm sie danach aus dem Ofen und stelle eine Schüssel mit Schokolade und Butter in den abgeschalteten Ofen. Schmelze beides gemeinsam darin.
6. Verteile die flüssige Schokolade dann nach Lust und Laune auf den Muffins. Am besten schmecken diese noch lauwarm.

MEAL PREP TIPP: Die Muffins lassen sich hervorragend samt Glasur einfrieren oder im Kühlschrank für ca. 1 Woche lagern. Du kannst die Muffins aber auch hervorragend für mehrere Tage bei Zimmertemperatur lagern, bevor sie vernascht werden.

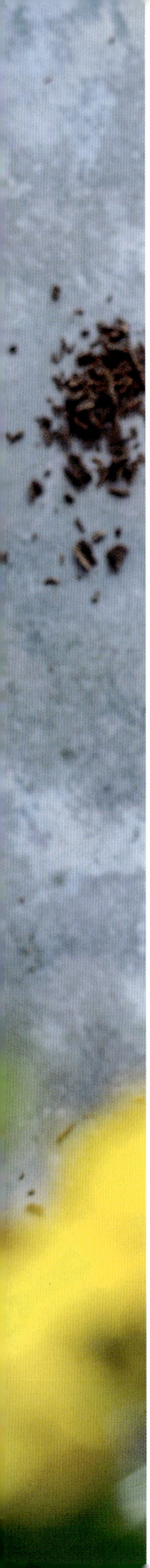

Veganes Mousse au Chocolat

FÜR 4 PORTIONEN | ARBEITSZEIT: 30 MINUTEN | SCHWIERIGKEIT: MITTEL

FÜR DAS VEGANE LOW-CARB-MOUSSE:
150 ml Aquafaba
200 g Zartbitterschokolade (min. 85 % Kakao)
1 EL Kokosöl
1 Msp. Tonka-Bohne

1. Als Erstes die Flüssigkeit aus einer Dose oder einem Glas Kichererbsen (oder auch weiße Bohnen) abgießen und auffangen. Das Wasser, in dem die Hülsenfrüchte aufbewahrt werden, nennt man Aquafaba.
2. Mindestens 150 ml Aquafaba in einer Rührmaschine oder mit einem Handmixer für ca. 6 bis 8 Minuten aufschlagen, bis es so steif ist wie aufgeschlagenes Eiweiß.
3. Währenddessen die Zartbitterschokolade samt Kokosöl in der Mikrowelle oder über Wasserdampf schmelzen.
4. Etwas Tonka-Bohne reiben und zur Schokolade geben. Alternativ kannst du auch das Mark einer halben Vanilleschote verwenden, wenn du keine Tonka-Bohne zu Hause hast.
5. Sobald das Aquafaba steif geschlagen und die Schokolade geschmolzen ist, die Schokolade nach und nach sehr vorsichtig unter den Aquafaba-Schnee heben. Am besten den Handmixer auf niedrigster Stufe laufen lassen, während du die Schokolade ganz langsam dazugießt.
6. Fülle das Mousse nun in 4 Gläser oder Schälchen und stelle sie für mindestens 1 Stunde in den Kühlschrank, um auszuhärten. Danach kannst du das Mousse au Chocolat genießen.

MEAL PREP TIPP: Dieses vegane Mousse au Chocolat hält für ca. 1 Woche im Kühlschrank.

Schoko-Cupcakes

FÜR 12 CUPCAKES | ARBEITSZEIT: 30 MINUTEN | SCHWIERIGKEIT: LEICHT

FÜR DIE CUPCAKES:
3 Eier (M)
80 g Puder-Erythrit
1 TL Stevia, flüssig
100 g Zartbitterschokolade, min. 85 % Kakao
80 g Butter
10 g Kakaopulver, zuckerfrei
20 g Kokosmehl
1 TL Flohsamenschalen, gemahlen
1 TL Backpulver
1 Prise Salz
1 TL Zimt

FÜR DAS FROSTING:
50 g Butter, weich
100 g Erdnussbutter, zuckerfrei
80 g Puder-Erythrit
½ TL Stevia, flüssig
2 EL Sahne
1 TL Vanille, gemahlen
etwas gehobelte Zartbitterschokolade
ein paar Erdnüsse, gehackt

1. Heize das Backrohr auf 180 °C Unter- & Oberhitze vor. Schmelze die Zartbitterschokolade samt Butter im Ofen oder in der Mikrowelle. Währenddessen die Eier mit Puder-Erythrit und Stevia schaumig schlagen.
2. Sobald die Schoko-Butter-Masse flüssig ist, kannst du diese nach und nach eingießen, während du weiterrührst. Achte darauf, dass du es nicht zu schnell machst und nicht aufhörst zu mixen, da das Ei sonst stocken könnte.
3. Im letzten Schritt alle trockenen Zutaten dazugeben (Kokosmehl, Kakaopulver, Backpulver, Flohsamenschalen, Salz, Zimt) und erneut mixen. Fette ca. 12 Muffin-Förmchen ein und gieße den Teig hinein. Backe die Muffins für 25 Minuten bei 180 °C Unter- & Oberhitze.
4. Währenddessen das Frosting herstellen. Dazu die sehr weiche Butter mit Erdnussbutter, Puder-Erythrit, Stevia und Vanille cremig mixen. Nach und nach etwas Sahne dazugeben, bis die Konsistenz passt. Fülle das Frosting nun in einen Spritzbeutel und lege diesen in den Kühlschrank.
5. Die Muffins nach der Backzeit aus dem Ofen nehmen und vollständig abkühlen lassen. Dann das zuckerfreie Erdnussbutter-Frosting darauf verteilen. Mit gehobelter Schokolade und Erdnüssen garnieren.

MEAL PREP TIPP: Die Cupcakes lassen sich hervorragend mit oder ohne Frosting einfrieren oder im Kühlschrank für ca. 1 Woche lagern.

Apfel-Bananen-Brot mit Kakao-Nibs

FÜR 1 BROTLAIB | ARBEITSZEIT: 15 MINUTEN | SCHWIERIGKEIT: LEICHT

150 g Apfel
2–3 EL Kokosblütenzucker
2 sehr reife Bananen
100 g Magertopfen
100 g Butter, flüssig
3 Eier (M)
70 g Haselnüsse, geröstet & gemahlen
30 g Leinsamen, geschrotet
100 g Haferflocken, geschrotet
1 TL Flohsamenschalen, gemahlen
1 TL Backpulver
1 TL Zimt
½ TL Nelken
100 g Kakao-Nibs

ALS TOPPING:

1 reife Banane
2 EL gehackte Haselnüsse
1 EL Haferflocken
1 TL Kakao-Nibs
etwas Kokosblütenzucker

1. Heize den Backofen auf 200 °C Unter- & Oberhitze vor und schmelze die Butter darin.
2. Wasche den Apfel und schneide ihn in grobe Würfel. Erhitze diese in einem Topf und streue etwas Kokosblütenzucker darüber. Nun unter ständigem Rühren weich braten. Wenn nötig, einen Schuss Wasser dazugeben, damit nichts anbrennt. Danach den gebratenen Apfel in eine Schüssel geben.
3. Die Bananen schälen und zum Apfel in die Schüssel geben. Beides pürieren. Magertopfen, flüssige Butter und Eier dazugeben und noch einmal pürieren.
4. Haselnüsse, Leinsamen, Haferflocken, Flohsamenschalen, Backpulver und Gewürze zum Teig geben und mit einer Teigspachtel alles gut vermengen. Zum Schluss die rohen Kakao-Nibs unterheben. Alternativ kannst du auch 85 % Zartbitterschokolade fein hacken und unterheben.
5. Fette eine Kastenform ein und verteile geriebene Haselnüsse darin. Befülle sie dann mit dem Teig. Eine weitere reife Banane der Länge nach halbieren und auf dem Teig drapieren.
6. Ein paar groß gehackte Haselnüsse, Haferflocken und Kakao-Nibs darauf verteilen und zum Schluss etwas Kokosblütenzucker darüberstreuen. Backe das Apfel-Bananen-Brot für 60 Minuten bei 180 °C Unter- & Oberhitze.
7. Wenn du es gerne etwas süßer haben willst, kannst du zum Teig 50 bis 100 g Erythrit und etwas flüssiges Stevia hinzufügen. Wenn aber sehr reife Bananen und eine süße Apfelsorte verwendet wurden, sollte das Brot süß genug sein.

MEAL PREP TIPP: Das Apfel-Bananen-Brot am besten in einem Bienenwachstuch oder einer Dose im Kühlschrank lagern. Dort bleibt es für gut eine Woche frisch. Du kannst es auch ohne Probleme einfrieren.

Schneller Moosbeer-Kuchen

FÜR EINE 24-CM-SPRINGFORM | ARBEITSZEIT: 15 MINUTEN | SCHWIERIGKEIT: LEICHT

4 Eier (L)
120 g Erythrit
1 TL Stevia, flüssig
120 g Speisetopfen
120 g Butter
1 TL Vanille, gemahlen
50 g Kokosmehl
50 g Haselnüsse oder Mandeln, gerieben
2 TL Backpulver
200 g Moosbeeren oder Heidelbeeren
etwas Schlagsahne

1. Heize den Backofen auf 180 °C Unter- & Oberhitze vor und schmelze die Butter darin. Schlage die Eier währenddessen mit dem Erythrit und Stevia schaumig und gib dann den Topfen dazu. Erneut kräftig mixen.
2. Während du rührst, nach und nach die flüssige Butter eingießen. Vanille, Kokosmehl, gemahlene Nüsse und Backpulver dazugeben und wieder mixen.
3. Zum Schluss die Hälfte der gewaschenen Moosbeeren oder Heidelbeeren vorsichtig unterheben. Dann eine 24- oder 26-cm-Springform einfetten und den Teig hineingeben. Die 2. Hälfte der Beeren auf dem Teig verteilen.
4. Backe den Kuchen nun für 45 Minuten bei 180 °C Unter- & Oberhitze. Nach dem Auskühlen anschneiden und am besten mit etwas Schlagsahne genießen.

Holunderblüten-Panna Cotta

FÜR 2 PORTIONEN | ARBEITSZEIT: 15 MINUTEN | SCHWIERIGKEIT: LEICHT

100 ml Sahne oder Kokosmilch
100 ml Milch deiner Wahl
80 g Erythrit
½ TL Stevia, flüssig
1 Vanilleschote
6–8 Holunderblüten (wenn verfügbar)
1 TL Agar Agar oder 1 Blatt Gelatine
150 g Frischkäse
ca. 80 g Himbeeren

1. Wenn saisonal verfügbar, die frisch gepflückten Holunderblüten ausschütteln, damit die Tierchen rausfallen. Nur wenn nötig, abspülen. Besser wäre aber, wenn du sie nicht spülst. Blühen gerade keine Holunderblüten, kannst du diese Komponente auch einfach weglassen und stattdessen 2 EL vom selbstgemachten, zuckerfreien Holunderblütensirup (Rezept Seite 150) verwenden.
2. Halbiere die Vanilleschote der Länge nach und kratze das Mark heraus. Gib die Sahne (vegane Alternative: Kokosmilch), die Milch deiner Wahl, den Erythrit, das Stevia, das Vanille-Mark, die ausgekratzten Schotenhälften sowie die Holunderblüten (oder den zuckerfreien Holunderblütensirup) in einen Topf und erhitze alles gemeinsam auf mittlerer Stufe. Die Flüssigkeit sollte nie kochen, sondern nur leicht wallen.
3. Lass alles für ca. 10 Minuten wallen, danach die Flüssigkeit durch ein Sieb gießen und Holunderblüten sowie Vanilleschoten entfernen. Die Flüssigkeit zurück in den Topf geben und einmal kurz zum Kochen bringen.
4. Während das Panna Cotta köchelt, das Agar Agar zügig mit einem Schneebesen einrühren und so lange umrühren, bis keine Klümpchen mehr vorhanden sind. Notfalls mit einem Pürierstab nachhelfen. Wenn du kein Agar Agar zu Hause hast, kannst du auch vorab ein Blatt Gelatine auflösen und stattdessen dieses einrühren.
5. Nun den Herd abdrehen. Zu guter Letzt den Frischkäse (alternativ: veganer Frischkäse) in den Topf geben und erneut umrühren, bis sich auch dieser gut mit der Flüssigkeit vermengt hat.
6. Fülle das Panna Cotta nun in zwei Gefäße und stelle es dann für mindestens 4 Stunden kalt, damit es aushärten kann.
7. Vor dem Servieren mit frischen oder kurz gekochten Himbeeren (ich finde die warmen Himbeeren auf dem kühlen Panna Cotta am besten) garnieren.

MEAL PREP TIPP: Das Panna Cotta kannst du ohne Probleme mehrere Tage im Kühlschrank aufbewahren. Dazu am besten gleich in ein verschließbares Glas füllen.

Blitz-Tassenkuchen mit Bananen

FÜR 1 GROSSE ODER 2 KLEINE TASSEN | ARBEITSZEIT: 5 MINUTEN | SCHWIERIGKEIT: LEICHT

1 sehr reife Banane
20 ml Milch deiner Wahl
1 Ei (M)
1 EL Kokosblütenzucker
20 g Kokosmehl
20 g Walnüsse oder Mandeln, gerieben
½ TL Backpulver
1 TL Zimt
4–5 Bananenscheiben
optional: etwas Kokosblütensirup

1. Die reife Banane mit einer Gabel oder einem Pürierstab zu einem Mus verarbeiten. Die restlichen Zutaten dazugeben und so lange mit einer Gabel oder einem Schneebesen umrühren, bis alles gut vermengt ist.

2. Fette eine große Tasse (min. 250 ml) oder 2 kleine Tassen ein und befülle sie mit dem Teig. Backe den Tassenkuchen in der großen Tasse für 4 bis 5 Minuten auf höchster Stufe in deiner Mikrowelle. Wenn du den Teig auf 2 Tassen verteilt hast, beträgt die Backzeit nur ca. 3 bis 4 Minuten. Kontrolliere einfach nach einer gewissen Zeit, ob der Teig schon gestockt ist.

3. Stell die Tasse bereits für die Mikrowelle auf einen Unterteller, da der Teig eventuell etwas überquillt. Er geht in der Mikrowelle zuerst stark auf, fällt aber dann wieder etwas zusammen. Das ist vollkommen in Ordnung. Der fertige Kuchen ist dann aber sehr fluffig.

4. Am besten schmeckt der Tassenkuchen noch warm direkt aus der Mikrowelle. Solltest du ihn später essen, kannst du ihn einfach noch einmal für 20 bis 30 Sekunden in die Mikrowelle stellen.

5. Für die Zubereitung im Backofen diesen vorab auf 180 °C Unter- & Oberhitze vorheizen. Backe den Tassenkuchen dann darin für 10 bis 15 Minuten (je nachdem ob 1 große oder 2 kleine Tassen).

6. Verziere den Tassenkuchen mit ein paar Bananenscheiben und, wenn gewünscht, etwas Kokosblütensirup.

MEAL PREP TIPP: Bereite den Teig vor und fülle ihn in die Tassen. Lagere die Tasse dann für maximal 8 Stunden im Kühlschrank, bis du den Tassenkuchen genießen willst. Dann einfach die Zubereitung in der Mikrowelle abschließen.

Erdbeer-Topfen-Knödel

FÜR 8 KNÖDEL | ARBEITSZEIT: 30 MINUTEN | SCHWIERIGKEIT: MITTEL

FÜR DIE KNÖDEL:

250 g Speisetopfen
50 g Haferflocken, gemahlen
30 g Goldleinmehl
20 g Vanillepudding-Pulver, zuckerfrei
50 g Puder-Erythrit
1 TL Stevia, flüssig
Mark 1 Vanilleschote
1 Ei (M)
ca. 8 Erdbeeren

FÜR DIE MOHNBRÖSEL:

20 g Butter
100 g Mohn, gemahlen
50 g Kokosblütenzucker

FÜR DAS ERDBEER-PÜREE:

100 g Erdbeeren
½ TL Stevia, flüssig

1. Für die Erdbeer-Topfen-Knödel zuerst die Haferflocken in einer Küchenmaschine zu einem feinen Mehl mahlen. Nun Topfen, Hafermehl, Goldleinmehl, Vanillepudding-Pulver (wichtig: zuckerfrei), Puder-Erythrit, Stevia, das Mark einer Vanilleschote und das Ei in einen Topf geben und am besten mit einem Handmixer kräftig durchmixen.

2. Lasse den Teig kurz stehen, während du die Erdbeeren wäschst und vom Strunk befreist. Feuchte dann deine Hände an und nimm einen kleinen Teil vom Teig in die flache Hand. Forme mit ihm eine Scheibe und lege eine Erdbeere in die Mitte.

3. Arbeite dich nun mit dem Teig um die Erdbeere und rolle den Knödel dann in deiner Hand zu einer schönen Kugel. Wiederhole das so lange, bis der gesamte Teig aufgebraucht ist. Versuche so wenig Teig wie möglich pro Knödel zu verwenden. Nur so viel, dass nichts von der Erdbeere rausschaut und er auch gut verschlossen ist.

4. Erhitze einen Topf mit reichlich Wasser, bis dieses zu wallen beginnt. Dann die Knödel vorsichtig hineinlegen und darauf achten, dass das Wasser nie kocht, sondern nur leicht blubbert. Koche die Knödel nun für 10 Minuten.

5. Für die Brösel die Butter in einer großen, beschichteten Pfanne zerlassen. Den Mohn gemeinsam mit dem Kokosblütenzucker in die Butter geben. Gut verrühren und bei mittlerer Hitze den Mohn so lange braten, bis er beginnt, knusprig zu werden.

6. Die Brösel sollten für 10 Minuten auf einem Backpapier abkühlen. Die Knödel nach der Kochzeit aus dem Wasser nehmen und auf einem Teller oder Schneidebrett abtropfen lassen. Dann in den Mohnbröseln wälzen und auf den Tellern verteilen.

7. Mit mehr Mohnbröseln und etwas Puder-Erythrit garnieren. Wenn du magst, kannst du auch noch ein paar Erdbeeren mit etwas Stevia pürieren und die Knödel damit garnieren.

MEAL PREP TIPP: Die fertig geformten Knödel kannst du roh sehr gut einfrieren und auch für einen Tag im Kühlschrank lagern, bevor du sie zubereitest.

Schnelle Erdbeer-Biskuit-Törtchen

FÜR 8–10 TÖRTCHEN | ARBEITSZEIT: 30 MINUTEN | SCHWIERIGKEIT: LEICHT

FÜR DEN BISKUITTEIG:
7 Eier (M)
80 g Puder-Erythrit
20 g Kokosblütenzucker
80 g Kokosmehl
1 TL Backpulver
½ TL Flohsamenschalen, gemahlen

FÜR DIE ERDBEER-FÜLLUNG:
150 g Erdbeeren
250 ml Sahne
½ TL Flohsamenschalen
40 g Puder-Erythrit
20 g Kokosblütenzucker
Mark 1 Vanilleschote
150 g Magertopfen

1. Heize das Backrohr auf 180 °C Unter- & Oberhitze vor. Für den Biskuitteig die Eier zuerst vorsichtig trennen und das Eiweiß mit 50 g Puder-Erythrit steif schlagen. Dann das Eigelb mit dem restlichen Puder-Erythrit und dem Kokosblütenzucker schaumig schlagen. Das Eiweiß dann unterheben.
2. Gib nun die trockenen Zutaten zu den Eiern (Kokosmehl, Backpulver, Flohsamenschalen) und hebe auch diese vorsichtig unter, bis sich alles gut verbunden hat. Das bedarf eventuell etwas Geduld.
3. Lege einen Backpapierbogen auf ein Backblech und fette dieses ein. Verteile den Teig gleichmäßig darauf, sodass er ca. 1 cm hoch ist (du musst nicht das gesamte Blech füllen).
4. Backe den Teig für ca. 15 Minuten, bis dieser goldbraun, aber nicht zu hart ist. Danach sofort aus dem Ofen nehmen.
5. Währenddessen die Creme vorbereiten. Die Erdbeeren waschen, vom Strunk befreien und dann in kleine Stücke schneiden. Die Sahne samt Puder-Erythrit und Kokosblütenzucker steif schlagen. Das Mark einer Vanilleschote auskratzen und zur Sahne geben. Zum Schluss den Topfen, die Erdbeeren und die Flohsamenschalen unterheben.
6. Die Hälfte des Biskuitteiges nun mit der Hälfte der Erdbeer-Creme bestreichen. Die andere Teighälfte darauf platzieren und diese mit der 2. Cremehälfte bestreichen.
7. Nun kannst du kleine Törtchen herausschneiden. Mit Puder-Erythrit garnieren und genießen.

MEAL PREP TIPP: Die Törtchen lassen sich hervorragend in einem Gefäß einfrieren.

Marillen-Kokos-Kuchen

FÜR 1 AUFLAUFFORM | ARBEITSZEIT: 25 MINUTEN | SCHWIERIGKEIT: LEICHT

FÜR DEN KUCHEN:
100 g Butter
4 Eier (M)
80 g Erythrit
1 TL Stevia, flüssig
160 ml Kokosmilch
40 g Kokosraspeln
100 g Kokosmehl
2 TL Backpulver
½ Vanilleschote
1 Msp. Tonka-Bohne, gerieben

FÜR DAS TOPPING:
300 g Frischkäse
40 g Puder-Erythrit
1 TL Stevia, flüssig
2 Eier (M)
½ Vanilleschote
300 g Marillen, reif

1. Heize das Backrohr auf 180 °C Unter- & Oberhitze vor und schmelze die Butter darin. Die Eier mit dem Erythrit in einer Schüssel schaumig schlagen. Stevia und Kokosmilch dazugeben und erneut mixen.
2. Während du mit einem Handmixer rührst, nun ganz langsam die flüssige Butter zum Teig gießen. Danach die trockenen Zutaten (Kokosraspeln, Kokosmehl, Backpulver, Mark ½ Vanilleschote, geriebene Tonka-Bohne) dazugeben und so lange weitermixen, bis sich alles gut verbunden hat.
3. Lege Backpapier in einer Auflaufform mit ca. 15 x 20 cm aus und verteile dann den Teig gleichmäßig in der Form.
4. Für das Cheesecake-Topping den Frischkäse mit dem Puder-Erythrit aufschlagen und dann die Eier sowie das Mark ½ Vanilleschote dazugeben. Erneut mixen, die Masse dann auf den Teigboden gießen und gleichmäßig verstreichen.
5. Die Marillen waschen, halbieren und den Stein entfernen. Die Hälften dann in 3 bis 4 Scheiben schneiden und diese auf dem Cheesecake-Topping auflegen.
6. Backe den Kuchen nun für 60 Minuten bei 180 °C Unter- & Oberhitze. Öffne dabei die Türe des Backofens zu keiner Zeit. Nach den 60 Minuten den Ofen ausschalten und den Kuchen (ohne die Türe zu öffnen) für weitere 60 Minuten darin stehen lassen.
7. Danach kannst du ihn herausnehmen und anschneiden. Lauwarm schmeckt dieser gesunde Kuchen am besten.

MEAL PREP TIPP: Dieser Kuchen lässt sich für bis zu einer Woche im Kühlschrank lagern und auch sehr gut einfrieren.

Kirsch-Nicecream

FÜR 2 PORTIONEN | ARBEITSZEIT: 15 MINUTEN | SCHWIERIGKEIT: LEICHT

400 g Kirschen
1 Banane
Mark 1 Vanilleschote

1. Die Kirschen entsteinen und in den Tiefkühler geben. Die Banane schälen, in Streifen schneiden und ebenfalls für min. 4 Stunden einfrieren.
2. Für die Nicecream dann Kirschen und Banane aus dem Tiefkühler nehmen und samt dem Mark einer Vanilleschote in einen starken Food Processor (keinen Standmixer) geben. Darin für ca. 10 Minuten antauen lassen, bevor du den Mixer startest.
3. So lange mixen, bis ein cremiges Eis entstanden ist. Wenn nötig, etwas Wasser dazugeben. Danach auf zwei Schälchen verteilen und direkt genießen.

MEAL PREP TIPP: Du kannst die fertige Nicecream danach einfrieren und zu einem späteren Zeitpunkt genießen. In diesem Fall dann aber ca. 10 Minuten bei Zimmertemperatur antauen lassen.

Zwetschken-Crumble

FÜR 4 PERSONEN | ARBEITSZEIT: 15 MINUTEN | SCHWIERIGKEIT: LEICHT

500–600 g Zwetschken
3–4 EL Kokosblütenzucker
3 EL Leinsamen, geschrotet
1 TL Flohsamenschalen, gemahlen
1 TL Zimt
½ TL Kardamom

FÜR DEN CRUMBLE:
100 g Kokosmehl
½ TL Flohsamenschalen, gemahlen
50 g Erythrit
1 TL Stevia, flüssig
100 g Butter
1 Ei

1. Heize den Backofen auf 180 °C Unter- & Oberhitze vor. Wasche die Zwetschken (oder ein anderes Obst deiner Wahl), entferne den Kern und schneide sie in große Stücke.
2. In einer Schüssel mit Kokosblütenzucker, Leinsamen, Flohsamenschalen und Gewürzen vermengen und zur Seite stellen.
3. Für den Crumble Kokosmehl, Flohsamenschalen, Erythrit und Stevia in eine Schüssel geben. Die kalte Butter in kleine Würfel schneiden und ebenfalls in die Schüssel geben. Zum Schluss das Ei hinzufügen und dann mit den Händen so lange kneten, bis sich kleine Klümpchen gebildet haben.
4. Gib die Zwetschken nun in zwei ofenfeste Schälchen. Die Crumble-Masse auf den Zwetschken verteilen und leicht andrücken. Backe den Low-Carb-Crumble dann für 35 bis 40 Minuten bei 180 °C Unter- & Oberhitze, bis er goldbraun ist.
5. Nach dem Backen kurz abkühlen lassen und am besten noch warm genießen. Sehr gut dazu passt eine Kugel Nicecream deiner Wahl. Auch etwas Sahne oder Joghurt schmeckt sehr gut dazu.

MEAL PREP TIPP: Der Crumble lässt sich sehr gut für mehrere Tage im Kühlschrank aufbewahren und bei Bedarf in der Mikrowelle oder im Ofen aufwärmen.

Koch mit Herz

Low-Carb Snacks & Getränke

Kräuter-Knäckebrot

FÜR 2 BLECHE | ARBEITSZEIT: 15 MINUTEN | SCHWIERIGKEIT: LEICHT

80 g Goldleinmehl
100 g Sonnenblumenkerne
20 g frische Kräuter deiner Wahl
100 g Kürbiskerne, geschrotet
100 g Hanfsamen, geschält
50 g Leinsamen, geschrotet
1 TL Flohsamenschalen, gemahlen
2 TL Salz
40 ml Olivenöl (oder Öl deiner Wahl)
250 ml Wasser, heiß

1. Heize das Backrohr auf 150 °C Umluft vor. Gib alle trockenen Zutaten in eine Schüssel und füge dann das Olivenöl bzw. Öl deiner Wahl und das heiße Wasser nach und nach dazu. Dabei ständig umrühren.
2. Knete den Teig nun so lange, bis er sich verbunden hat und zu einem Teigball formen lässt. Lass diesen für 4 bis 5 Minuten stehen. Teile ihn dann in 2 gleich große Teile.
3. Lege eine Lage Backpapier auf die Arbeitsfläche, platziere die erste Hälfte des Teiges darauf und bedecke diese mit einer weiteren Lage Backpapier.
4. Rolle den Teig zwischen den beiden Lagen mit einer Teigrolle ca. 0,5 cm dünn aus. Entferne das obere Backpapier und ziehe das untere samt Teig auf ein Backblech. Wiederhole den Vorgang mit der 2. Teighälfte (oder bereite nur die halbe Menge zu).
5. Backe das Knäckebrot nun für ca. 45 Minuten bei 150 °C Umluft. Lasse es danach vollständig auskühlen, bevor du es in Stücke schneidest oder brichst.

MEAL PREP TIPP: Das Knäckebrot kannst du ungekühlt über mehrere Wochen verschlossen aufbewahren, ohne dass es sich verändert. Noch länger hält es im Kühlschrank.

Schoko-Hirse-Riegel

FÜR 1 BLECH | ARBEITSZEIT: 15 MINUTEN | SCHWIERIGKEIT: LEICHT

100 g Zartbitterschokolade (z. B. Reste von Weihnachten oder Ostern)
1 EL Kokosöl
30 g gepoppte Hirse
30 g geriebene Walnüsse
30 g Mandelstifte
1 TL Zimt
½ TL Piment
1 Prise Salz

1. Schmelze die Zartbitterschokolade mit dem Kokosöl in einem Topf. Gib dann die restlichen Zutaten hinzu und rühre kräftig durch.
2. Verteile die Masse auf einem Backpapier. Streiche sie so dünn wie möglich aus, es sollten aber keine Löcher entstehen.
3. Stelle die Masse über Nacht ins Freie oder in den Kühlschrank. Am nächsten Tag einfach in Stücke brechen.

MEAL PREP TIPP: Lagere die Schoko-Riegel am besten in einer Papiertüte im Kühlschrank. So bleiben sie für mehrere Wochen frisch.

Cashew-Energie-Kugeln

FÜR CA. 15 STÜCK | ARBEITSZEIT: 15 MINUTEN | SCHWIERIGKEIT: LEICHT

50 g Cashewbutter, zuckerfrei
10 g Leinsamen, geschrotet
30 g Cashew-Kerne, gerieben
1 TL Kokosblütensirup
50 ml heißes Wasser
½ TL Zimt
½ TL Piment

ZUM VERZIEREN:
1 EL Cashew-Kerne, gerieben
1 EL Leinsamen, geschrotet

1. Vermenge alle Zutaten in einer Schüssel und rühre diese so lange mit einem Löffel durch, bis sich alles gut verbunden hat.
2. Bereite einen Teller mit geriebenen Nüssen und geschrotetem Leinsamen vor.
3. Feuchte deine Hände an und forme kleine Bällchen. Lege diese auf den Teller und wälze sie in der Nuss-Leinsamen-Mischung.
4. Lagere die Bällchen im Kühlschrank oder friere sie ein.

Gesunde Müsliriegel

FÜR 1 BLECH | ARBEITSZEIT: 15 MINUTEN | SCHWIERIGKEIT: LEICHT

2 reife Bananen
50 g Mandelmus
50 g Kürbiskerne
70 g Vollkorn-Haferflocken, glutenfrei
30 g Leinsamen, geschrotet
50 g Walnüsse, gemahlen
1 TL Flohsamenschalen, gemahlen
1 TL Zimt

FÜR DIE GLASUR:
50 g Zartbitterschokolade
1 TL Kokosöl

1. Heize das Backrohr auf 180 °C Unter- & Oberhitze vor. Das Kokosöl darin schmelzen. Währenddessen die Bananen schälen und grob schneiden. In einer Schüssel mit einer Gabel oder einem Pürierstab zu einem Mus zerkleinern.

2. Die Kürbiskerne mit einem Messer oder in einem Zerkleinerer klein hacken und zu den Bananen geben. Haferflocken, Leinsamen, geriebene Walnüsse, Flohsamenschalen und Zimt ebenfalls hinzufügen und kräftig umrühren.

3. Den Müsliriegel-Teig auf ein Backpapier legen und leicht andrücken. Eine 2. Lage Backpapier drauflegen und den Teig ca. 1 cm dünn mit einem Teigroller ausrollen.

4. Die obere Lage Backpapier wieder abziehen und anderweitig verwenden. Den ausgerollten Müsliriegel-Teig nun auf einen Gitterrost oder ein Backblech ziehen und in den Ofen geben.

5. Backe die veganen Müsliriegel für 25 Minuten bei 180 °C Unter- & Oberhitze. Danach vollständig auskühlen lassen, bevor du sie anschneidest.

6. Wenn du magst, kannst du sie danach noch mit etwas Zartbitterschokoladenglasur verzieren. Diese dazu mit dem Kokosöl im Ofen/in der Mikrowelle/im Wasserbad schmelzen und dann über den Riegeln verteilen. Anschließend noch einmal komplett auskühlen lassen, bevor du sie verstaust.

MEAL PREP TIPP: Lagere diese gesunden Müsliriegel am besten in Bienenwachstüchern oder Butterpapier bei Zimmertemperatur oder im Kühlschrank. Ich habe einen Teil in einer Schüssel am Tisch stehen, der Rest ist im Kühlschrank. Einen Teil kannst du auch einfrieren.

Rote-Bete-Apfel-Marmelade

FÜR 2 EINMACHGLÄSER | ARBEITSZEIT: 15 MINUTEN | SCHWIERIGKEIT: LEICHT

200 g Rote Bete, gekocht
300 g Äpfel
200 ml Früchtetee
2 Sternanis
200 g Erythrit
1 TL Stevia, flüssig
5 g Pektin

1. Die Rote Bete weich kochen, schälen und in Würfel schneiden. Die Äpfel waschen und samt Schale ebenfalls klein schneiden.
2. Beides mit den Sternanis in einen Topf geben und anbraten. Den Erythrit darüberstreuen und kurz karamellisieren. Danach mit dem Tee ablöschen, Stevia dazugeben und bei niedriger Hitze für 15 Minuten köcheln lassen.
3. Püriere die Marmelade, gib das Pektin dazu und koche die Marmelade noch einmal auf. Wenn nötig, erneut pürieren und noch einmal ein paar Minuten einkochen lassen.
4. Ist die Konsistenz wie gewünscht, die Marmelade in sterile Einmachgläser füllen, verschließen und auf den Kopf stellen.

MEAL PREP TIPP: Lagere die zuckerfreie Marmelade dunkel und kühl. Ungeöffnet hält sie für mindestens 1 Jahr. Sobald sie geöffnet ist, solltest du sie im Kühlschrank lagern und innerhalb eines Monats verbrauchen.

Rote Rüben-Apfel
Marmelade
zuckerfrei

Zuckerfreier Holunderblütensirup

FÜR CA. 1,5 LITER | ARBEITSZEIT: 15 MINUTEN | SCHWIERIGKEIT: LEICHT

20–30 Stk. Holunderblüten
(frisch geerntet)
2 BIO-Zitronen
1 Liter Wasser
2 TL Zitronensäure

ZUM GESUNDEN SÜSSEN STATT ZUCKER:
Option 1: 500 g Erythrit + 1 TL Stevia, flüssig
+ 2 TL Pektin
Option 2: 400 g Erythrit + 100 g Kokosblüten-
zucker + 2 TL Pektin

1. Schüttle die Holunderblüten vorsichtig aus, damit etwaige Tierchen herausfallen. Wenn nötig, kalt abspülen, besser wäre es aber, die Blüten nicht zu waschen.
2. Wasche die Zitronen mit heißem Wasser ab, schneide eine davon in Scheiben und presse den Saft aus der anderen heraus. Gib den Saft gemeinsam mit der Zitronensäure, 1 Liter Wasser und der „Zucker"-Option deiner Wahl in einen Topf und koche das Wasser auf.
3. Gib nun die Holunderblüten und die Zitronenscheiben in ein großes Glas-Gefäß, das einen Deckel hat. Fülle das leicht abgekühlte „Zuckerwasser" darüber, rühre gut um und schließe den Deckel.
4. Stelle das Gefäß für drei Tage an eine dunkle und kühle Stelle, am besten in den Kühlschrank. Rühre täglich zweimal um.
5. Siebe den Sirup nach den drei Tagen ab und koche ihn erneut in einem Topf auf. Wenn der Sirup stark kocht, das Pektin hinzufügen. Rühre kräftig mit einem Schneebesen um, während der Sirup weiterkocht und sich das Pektin auflöst. Sollten Klümpchen zurückbleiben, einfach mit einem Pürierstab nachhelfen.
6. Dieses Rezept kannst du auch für Holunderbeeren, Minze oder andere Kräuter verwenden.

MEAL PREP TIPP: Fülle den zuckerfreien Holunderblütensirup dann heiß in sterile Flaschen, schraube diese sofort zu und lagere sie kühl und dunkel. So ist der Sirup mindestens 1 Jahr haltbar (ungeöffnet). Verlasse dich am besten auf deinen Geschmacks- und Geruchssinn. Bereits geöffnet am besten im Kühlschrank lagern. Dort hält sich der Sirup auch geöffnet mehrere Monate.

Betthupferl-Apfel-Punsch

FÜR CA. 4 PORTIONEN | ARBEITSZEIT: 15 MINUTEN | SCHWIERIGKEIT: LEICHT

8 BIO-Äpfel
4 Zimtstangen
2 Sternanis
1 EL Nelken
1 BIO-Orange
200 ml Zitronenmelissentee

1. Die Äpfel gründlich waschen, das Kerngehäuse entfernen und den Rest in grobe Stücke schneiden. Die BIO-Orange ebenfalls waschen und schälen. Sowohl Fruchtfleisch als auch Schale grob hacken. Die Gewürze samt Orangenschalen in einen Teefilter geben.
2. Die Apfelwürfel und das Fruchtfleisch der Orange in einen Topf geben und so weit mit Wasser aufgießen, bis sie gerade damit bedeckt sind. Den Beutel mit Gewürzen und Orangenschale dazugeben und das Wasser zum Wallen (nicht Kochen) bringen.
3. Den zuckerfreien Apfelpunsch für eine Stunde bei niedriger Hitze köcheln lassen, bis der Apfel zu zerfallen beginnt. Währenddessen den Melissentee brühen und 200 ml davon am Ende der Kochzeit zum zuckerfreien Apfelpunsch geben.
4. Danach die Flüssigkeit durch ein Sieb in einen weiteren Topf schütten. Den Filter mit den Gewürzen entfernen und die Äpfel kräftig ausdrücken. Die Flüssigkeit erneut auf den Herd stellen und noch einmal kurz zum Wallen bringen.
5. Du kannst dieses Rezept auch mit Birnen, Zwetschken, Marillen, Pfirsichen oder Nektarinen machen. Die Zitronenmelisse wirkt beruhigend und hilft, gut zu schlafen.

MEAL PREP TIPP: Direkt, noch heiß, in sterile Einmachgläser füllen und dunkel lagern. Alternativ kurz abkühlen lassen und sofort genießen. Das Apfel-Fleisch keinesfalls wegwerfen, sondern ebenfalls in Einmachgläser füllen und als zuckerfreies Apfelmus verwenden.

Zuckerfreier Pfirsich-Eistee

FÜR 4 GLÄSER | ARBEITSZEIT: 15 MINUTEN | SCHWIERIGKEIT: LEICHT

1 Liter Wasser, kochend
3 EL Grüntee oder Schwarztee
4 Pfirsiche
2 EL Kokosblütenzucker
2 BIO-Zitronen
optional: 3–4 Tropfen Stevia, flüssig

1. Bringe ca. einen Liter Wasser zum Kochen. Gib den losen Tee deiner Wahl in einen Teefilter und hänge diesen in eine Teekanne.
2. Wasche die Pfirsiche und schneide sie in grobe Stücke. Gib auch diese gemeinsam mit dem Saft von 2 Zitronen in die Teekanne. Gieße nun das heiße Wasser in die Teekanne und lasse den Tee 8 bis 10 Minuten darin ziehen, danach entfernen.
3. Stelle die Teekanne an einen kühlen Ort. Während der Tee abkühlt, die restlichen zwei Pfirsiche in Streifen schneiden und in einem Topf erhitzen. Mit Kokosblütenzucker bestreuen und kurz köcheln lassen, bis sie weich sind und sich der Kokosblütenzucker aufgelöst hat.
4. Gib nun den Saft von 2 BIO-Zitronen und den Abrieb von einer in den Topf. Gut umrühren, dann vom Herd nehmen und ebenfalls in die Teekanne geben.
5. Lass den angesetzten zuckerfreien Pfirsich-Eistee nun auf Zimmertemperatur abkühlen und stelle ihn dann in den Kühlschrank (oder gleich in den Kühlschrank stellen, wenn du es eilig hast).
6. Zum Servieren ein paar Pfirsichstücke aus dem Eistee schöpfen und auf vier Gläser verteilen. Mit dem Eistee aufgießen und eventuell ein paar Eiswürfel dazugeben. Wenn du es etwas süßer haben möchtest, kannst du ein paar Tropfen Stevia in den Eistee geben.

MEAL PREP TIPP: Der Eistee kann mehrere Tage im Kühlschrank gelagert werden. Besonders gut schmeckt er, wenn er mindestens einen Tag durchziehen konnte.

Zuckerfreier Sommercocktail

FÜR 2 PERSONEN | **ARBEITSZEIT: 15 MINUTEN** | **SCHWIERIGKEIT: LEICHT**

100 g Honigmelone
4 Erdbeeren
100 g Wassermelone
200 ml trockener Sekt oder Mineralwasser
200 ml Früchtetee (Melone oder Erdbeere)
4 EL Kokosblütenzucker
Saft von 1 BIO-Limette
2 Blüten Minze

1. Stelle vorab den Teeaufguss her. Dazu 1 EL Früchtetee deiner Wahl mit ca. 200 ml heißem Wasser aufgießen, für ein paar Minuten ziehen lassen, dann den Teebeutel entfernen und den Kokosblütenzucker einrühren.
2. Den Teeaufguss abkühlen lassen und dann für 1 Stunde in den Kühlschrank stellen.
3. Für den Cocktail nun die Wasser- und Honigmelone in Würfel schneiden, die Erdbeeren waschen und halbieren. Die Limette halbieren und auspressen.
4. Melonenstücke, Erdbeerenhälften und Teeaufguss auf zwei schöne Gläser verteilen. Kurz vor dem Servieren mit trockenem Sekt oder Mineralwasser auffüllen und mit etwas Minze garnieren.

Rezeptregister

MIX
Papier aus verantwortungsvollen Quellen
FSC® C012536

Nachhaltige Produktion ist uns ein Anliegen; wir möchten die Belastung unserer Mitwelt so gering wie möglich halten. Über unsere Druckereien garantieren wir ein hohes Maß an Umweltverträglichkeit: Wir lassen ausschließlich auf FSC®-Papieren aus verantwortungsvollen Quellen drucken, verwenden Farben auf Pflanzenölbasis und Klebestoffe ohne Lösungsmittel. Wir produzieren in Österreich und im nahen europäischen Ausland, auf Produktionen in Fernost verzichten wir ganz.

Mitglied der Verlagsgruppe „engagement“

2021

Umschlaggestaltung: Manuela Nicolussi Castellan
Layout und digitale Gestaltung: Tyrolia-Verlag, Innsbruck
Druck und Bindung: BUCH THEISS GmbH, St Stefan
ISBN 978-3-7022-3938-1
E-Mail: buchverlag@tyrolia.at
Internet: www.tyrolia-verlag.at